학교에서 가르쳐주지 않는 일본사

韓国の外交官が語る世界が見習うべき日本史

今こそ大事な江戸時代の真の姿

申尚穆《シン・サンモク》 著
岩井理子 訳

楓書店

韓国の外交官が語る世界が見習うべき日本史

今こそ大事な江戸時代の真の姿

目次

佐竹義宣／
秋田／21万石
最上家親／山形／57万石
伊達政宗／仙台／60万石
上杉景勝／米沢／30万石
蒲生忠郷／会津／60万石
徳川頼房／水戸／25万石
徳川忠長／甲府／22万石
徳川頼宣／駿府／50万石
徳川義直／尾張／54万石
井伊直孝／彦根／20万石
藤堂高虎／津／32万石
本多忠政／姫路／22万石
浅野長晟／紀州／38万石

【17世紀初めの主要な藩】

● 大名／地域／石高

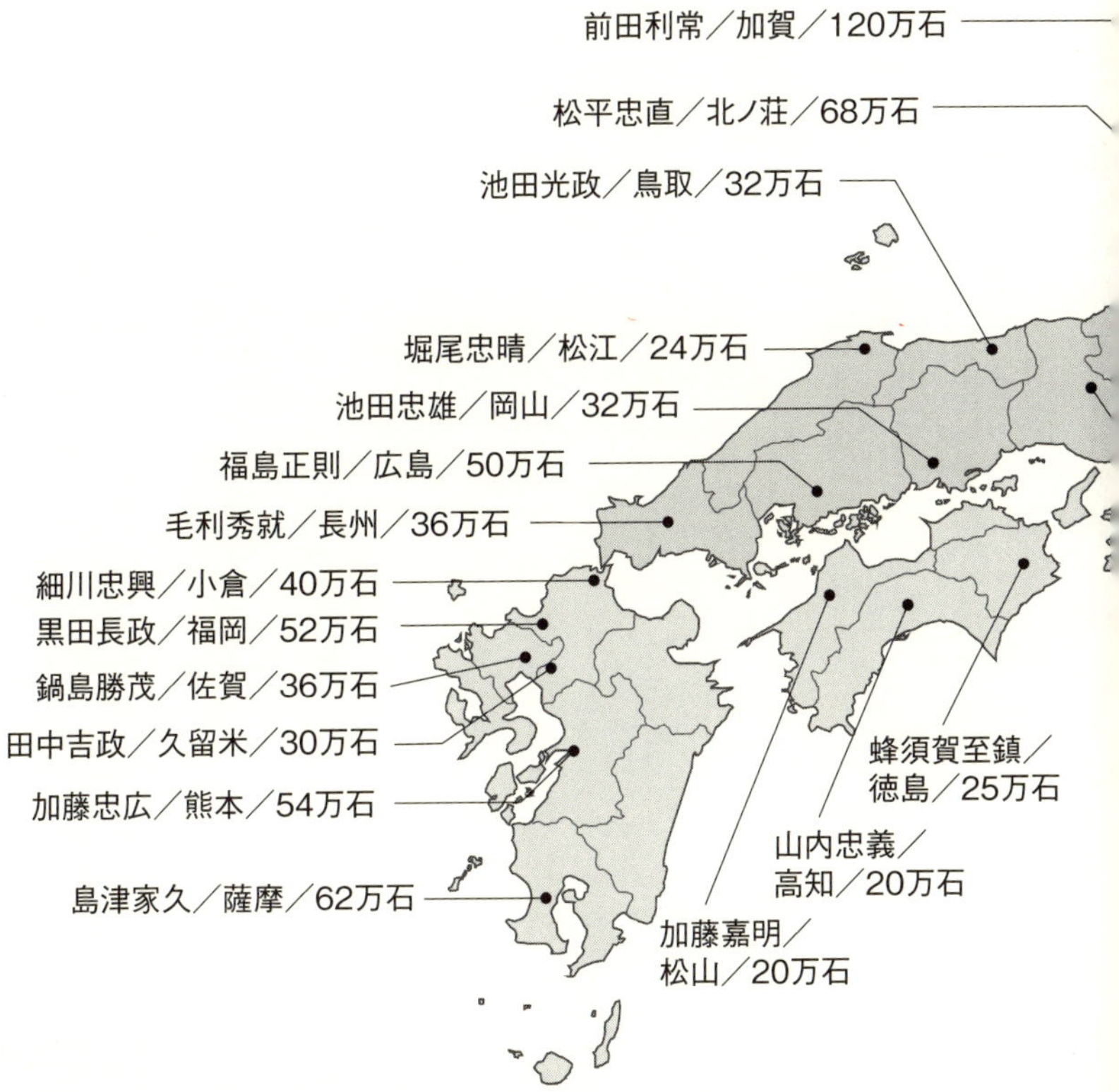

前田利常／加賀／120万石
松平忠直／北ノ荘／68万石
池田光政／鳥取／32万石
堀尾忠晴／松江／24万石
池田忠雄／岡山／32万石
福島正則／広島／50万石
毛利秀就／長州／36万石
細川忠興／小倉／40万石
黒田長政／福岡／52万石
鍋島勝茂／佐賀／36万石
田中吉政／久留米／30万石
加藤忠広／熊本／54万石
島津家久／薩摩／62万石
蜂須賀至鎮／徳島／25万石
山内忠義／高知／20万石
加藤嘉明／松山／20万石

プロローグ

「歴史はタイミング、人、状況そして偶然の複雑な絡み合いである」

ドン・リットナー（アメリカの歴史学者）

映画『オールド・ボーイ』のある場面。監禁を解かれたオ・デス（チェ・ミンシク）が、イ・ウジン（ユ・ジテ）に尋ねる。

「なぜ俺を閉じ込めた？」

イ・ウジンはこう答える。

「違うでしょ。『イ・ウジンはなぜオ・デスを閉じ込めた？』ではなく、『イ・ウジンはなぜオ・デスを解放したか？』そう尋ねなくては」

意味ありげな返事だ。イ・ウジンの真の復讐はその時から始まるのだから。

「There are no right answers to wrong questions.」アメリカの作家、アーシュラ・K・ル＝グウィンの言葉である。「質問が間違っていたら、答えも正しいはずがない」ということだ。

では、韓日関係について次のような質問をしてみよう。

「韓国は古来より日本に文明を伝えてやったが、日本は恩を仇で返した。五百年前に朝鮮を侵略して国土を蹂躙し、百年前には強制的に国を奪った。日本は明治維新後、急速な近代化に成功し国力を育てたが、朝鮮は近代化の波を乗り越えられず日本に主権を奪い取られるという悲運に見舞われた。韓国はなぜ近代化の入口で日本に後れを取ったのだろうか？」

韓国人によく見られる、韓日関係についての問題意識だ。しかしこの文章には誤りがある。どこなのか、しばらく考えてみてほしい。

お分かりだろうか。答えに困る方もいらっしゃると思う。正解は「韓国はなぜ近代化の入口で日本に後れを取ったのだろうか？」である。朝鮮が近代化の入口で日本に後れを取ったという認識は錯覚だ。国力の差の根源はそれよりずっと深く、歴史も長い。中には十八世紀以降すでに日本の国力が朝鮮の国力を追い越していたと語る人もいる。しかし、そのような人も、いざ「国力を追い越された」ことの意味を尋ねられたら、すぐには答えられない。国力が軍事力、経済力に過ぎない概念だとすると日本は十六世紀にすでに朝鮮を追い抜いていた。しかし近代化の原動力としての国力は、軍事力、経済力よりずっと複合的かつ多層的な概念である。

錯覚の始まりは、近代化以前の両国が似ていたという考え方だ。東アジアの韓・中・日、の三国は十九世紀に入り、圧倒的な文物で武装した西欧の攻勢を受け、危機と混乱に巻き込まれていた。

傍から見れば、さほど違わないと認識するのも無理ではない。しかし、以降の歴史の展開を考えると、そのような認識に一度ぐらい疑問を抱いても不思議ではあるまい。三国のうち唯一日本だけは、一九世紀半ば以降、抜きん出て異なる道を歩み始めたことは、みんなよくご存じではないか。

一八六八年に明治維新が始まって、近代化の旗印が掲げられた時、日本は待っていましたと言わんばかりに躍進する。国家体制の一新を期してから四十年余りで、世界の列強の一角に並ぶ偉業をなし遂げた。ところが同時期、甲午《こうご》改革と洋務《ようむ》運動に代表される朝鮮と清の近代化の試みは何ひとつ実らなかった。中国は列強の侵奪と内紛でバラバラに引き裂かれ、朝鮮は独立国として存立できず亡国への道をたどった。西洋がその勢力を東洋に伸ばしている時期、近代国家の樹立というテストを前にして、日本は優等生、中国は劣等生、朝鮮は落第生となった。この違いを生み出したのは何だったのだろうか。

(この本の初稿を書いている)二〇一七年現在までに、日本は全部で二十五人のノーベル賞受賞者を輩出している。最近では二〇一四年から二〇一六年まで三年連続で受賞した。物理、化学、生理学・医学などノーベル賞の花である基礎科学分野での受賞が相次ぐ中、韓国の世論はそのたびに大騒ぎとなる。「一体なぜ韓国はノーベル賞受賞者を輩出できないのか?」自嘲と反省の問いかけがなされる一方、「日本にはどうしてそれが可能なんだ?」と言う質問がセットでついてくる。

残念なことだが、韓国内では、それに対する答えについて、百年を超えるタイムスパンをもって考えられることはない。日本の知的・社会的な力量を考える時、その原点として明治維新が挙げられ、その後の近代化の過程に羨望が集まる。そのような分析に接するたびに次々と疑問が生じる。日本の底力が形成されたのは本当にその百年なのだろうか？　果たして百年だけで、それほどの国家的力量を蓄積することが可能だったのだろうか？

本書はそのような疑問から出発し、答えを探す旅の記録である。その旅の終わりに到達した終着地は日本の「近世の再発見」だ。日本の近世の歴史は韓国人にはあまりなじみがない。韓国社会において、中国と西欧の歴史はメジャーリーグ級の扱いだが、日本の歴史は存在感が薄い。韓国人が日本の歴史に関心を持つのは、『大望』（山岡荘八『徳川家康』の韓国語版タイトル）に代表される戦国時代の英雄軍記物や幕末の志士による立国の物語、日露戦争から太平洋戦争に至るまでの戦記に集中している。それも興味を持つのはごく限られた人々のみだ。

日本の歴史の中でも江戸時代と呼ばれる日本の近世は、韓国人にとってはマイナーリーグ並みに知られていない。十七世紀序盤の江戸幕府の成立から十九世紀中盤の明治維新前までの江戸時代に関する韓国人の知識は、ほぼ空白状態に近い。近世は日本の歴史家が考案した時代区分だ。西欧の「中世―近代」の時代区分の間に、日本人が近世という仲介的な時空を設定したのだが、韓国では深く考えることなく、同じ時代区分を朝鮮半島に適用することがある。

日本人はなぜ近世という時空を設定したのか？　韓国の歴史の教科書に登場する江戸時代の日

本は、壬辰倭乱《イムジンウェラン》（文禄の役のこと。文禄・慶長の役をまとめて指すこともある）の時に連れ去った陶工や、朝鮮通信使から教えを受けて、先進の文化を習得した文明の辺境国である。古代中華文明の拡散経路ゆえ、韓国人の日本に対する文化的優越感は江戸時代まで当然のように続いており、固定観念化している。だが断言するが、日本の近世の約二六〇年についてそのような見方をしているのは韓国人だけである。

江戸時代は西欧のルネサンス、大航海時代に負けずとも劣らない転換の時代であり蓄積の時代だった。東アジア三国の近代化がどのような道をたどるかという運命を分ける、ほぼすべての先行条件は江戸時代に決定づけられた。日本研究者の多くが、西欧や中国文明とは別の独自の文明として分類すべきだと主張するほどに、江戸時代の日本は文明の吸収、再生産がダイナミックに進んだ時期だった。

日本が近代化に成功し、列強国に立ち並ぶことができた原動力は何か知りたくはないだろうか？　一時は東アジア全体に攻勢をかけた国力と、世界を制覇した経済力の源泉は何か知りたくはないだろうか？　二十人を超すノーベル賞受賞者を輩出した秘訣は何か知りたくはないだろうか？　知りたいなら明治維新よりも、まず江戸時代に目を向けるべきだ。

日本の近世をただ見るだけでは、さほど「エキサイティング」には見えない。西欧の宗教改革、市民革命、産業革命などの「ドラマティック」な変化に慣れている人たちには、日本の近世のどこに注目すべきか、あまり見えてこない。反日感情から、朝鮮とそれほど変わらないのではと蔑む心理さえある。しかし近代性を「権威と市場間の緊張」、「経済の分化と専門化」、「人的・物的移動性の拡大」などが目立つパラダイムと定義すれば、日本の近世は大変に「ドラマティック」で「エキサイティング」な時代である。

江戸時代は、日本の経済社会的「風景」が根底から変貌する「転換の時代」であり、前近代と近代をつなぐ「架け橋の時代」であった。日本が近代化に成功したのは、近世の蓄積が、西欧との全面的な遭遇を迎えて「ポテンシャルを爆発させた」結果だ。そのような観点から考えると、日本の近世ほど興味深く、学ぶことの多い歴史はない。

丹齋《タンジェ》・申采浩《シン・チェホ》（朝鮮の独立運動家。丹齋は号）の言葉だと間違って伝わっているが、韓国人は「歴史を忘れた民族に未来はない」という言葉が好きだ。孫子は「彼を知り己れを知れば、百戦して殆《あや》うからず」と言い、ジョージ・サンタヤーナは「過去を記憶しない者は過去を繰り返す呪いにかかるだろう」という言葉を残している。

日本に国を奪われた恥辱を忘れてはならないと言うのなら、なぜ奪われたのかを知らねばならないはずだ。朝鮮は善なのに日本は悪だから国を奪ったという善悪論は、歴史の片面だけを見ているようなものである。どのような歴史観を持とうと否定できないのは、二十世紀初頭の朝鮮は弱く日本は強かったという事実だ。したがって、質問の出発点は「なぜ日本は強く朝鮮は弱かったのか？」でなければならない。そのような質問からなら、日本の近世は韓国人が朝鮮の近世と同様に深く掘り下げねばならない歴史だという結論にたどり着くことができるはずだ。

日本の近世を見ることで初めて、朝鮮の近世がはっきりと見えてくる。それが隣国の歴史を学ぶ醍醐味である。韓国の過去、現在、未来に適用できる洞察やインスピレーションを求めるなら、『三国志』や『孫子の兵法』ではなく江戸時代の歴史書を読むことをお勧めしたい。日本に国を奪われた痛恨の歴史を持つ韓国人が、最も注目すべき歴史でありながら最も「注目していない歴史」が日本の近世である。本書はこの江戸時代に対する韓国内での関心を高め理解を深めることを目的としている。

筆者が専門的な学者ではないため、この本には不十分な記述が多い。力不足なこともあり、また執筆の趣旨にも合わないと考え、学術的な歴史書としての記述方式を取ることは最初から考えなかった。そのため体系的な正史を学ぶのにふさわしい本にはなっていない。一方で、学問的なアプローチに縛られないメリットもある。気軽に読める大衆書として、江戸時代のあれこれを知りたいと思う読者にとっては、本書はそれなりに利点があろう。これまで韓国の出版物ではあまり扱われてこなかった、江戸時代の実態という興味深い内容を立体的に構成して盛り込んだところは、本書の特長である。

一冊の本で江戸時代のすべてを紹介することはできない。この本では、日本の近代化の成功に寄与した「蓄積の時間」であり「架け橋の時期」としての江戸時代に注目している。江戸時代に、近代化の萌芽がどのように胎動し先行条件が満たされていったのかを知るのが、本書のテーマとなる。その過程で、単に表面的な部分の紹介に留まらず、その裏にある資本、市場、競争、移動、統合、自治、公共という近代性の要素が、どのように「受容・変容・内在化」していったのか、自分なりの視点から分析を試みた。

このような分析には、筆者がキャリア外交官として日本を観察した事情が影響を与えていると思う。外交官の世界には、「優秀な外交官はあらゆる分野について少しずつ知っていなければならず、ある分野についてはすべてを知っていなければならない」という言葉がある。

専門の学者ほど深く知ることはできないが、様々な方面に関心を持ち全体的な流れを読み取る能力が重視される外交官の職業的な特性は、駐在国について理解する際にも適用される。政治、経済、外交、軍事、社会、文化、科学技術など、一つの社会を構成する各分野の総合的かつ相互的な関係を通時的・共時的に、そして縦横に編み出し、世界史的・地域的な座標の中で、理解の枠組みを構成するのである。外交の領域で駐在国の動きや選択を分析し予測するための職業的な動機に基づくものであるため、このようなアプローチはかなり実用的だと言える。

総合的な理解の枠組みを構成するためには、生活文化史的なアプローチが重要になってくる。二〇〇〇年夏に初めて日本に滞在した頃、強く印象に残っている歴史学界の動向の一つが「生活文化史」であった。歴史学の主流からは外れた民俗史、くらいに見られがちだが、生活文化史の研究者の「『生活』を理解することなく『政治』で歴史を構成するのは、潜望鏡で世の中のすべてを見ることができると考えるのに等しい」という考えに私は同意する。

人間の暮らしを構成する要因、決定する構造を政治だけに注目していると見逃してしまうことがあまりにも多い。人間の暮らしを苦しくさせるもの、あるいは豊かにするもののうち多くは、政治とは切り離された技術的、物質的、そして心理的、情緒的な要素から成り立っている。そのため、日本の生活文化史は「暮らしのデザイン」という概念に着目する。

どの王朝が支配し、統治がどうであり、支配層の権力闘争、市民革命、階級闘争がどうだったのか等々の「政治的作用」の前に、衣食住を始めとする人間の基礎的なニーズがどのような物質的、精神的、社会的作用の相互関係の中で満たされるのかに注目するのが生活文化史である。したがって、生活文化史では、食べ物、建築、衣服、図書、交通、旅行、教育、家族制度、冠婚葬祭、芸術など、暮らしに影響を及ぼすあらゆるものが歴史を構成する要素として扱われる。

「政治」の前に「生活」に注目する視点は、日本人が江戸時代にそのような原理を自ら経験した歴史があるから可能だという側面がある。政治面から見ると江戸時代は、身分制、封建制に基づく前近代の権威主義的な搾取型社会であった。

しかし生活に注目して江戸時代を眺めると、話は変わってくる。政治的な制約とは別に、自我を実現し幸福を追求しようとする個々が集まって構成される、共同体のあり方があった。単なる心理的、情緒的要素だけではなく、物質的、技術的な面での条件が満たされたからこそできた社会のあり方であった。

当時、形成された日本人の情緒、態度、ライフスタイルは現代にも息づいていて「日本的アイデンティティー」の根幹を成している。江戸時代を知れば、今の日本についての理解が深まる。本書では、このような生活文化史の観点から、現代日本の原型としての江戸時代を浮き彫りにしようと試みている。

生活文化史からの延長として、「道具史的なアプローチ」を取り入れた側面もある。フランスの哲学者アンリ・ベルクソンは、人間の本質は道具を作って使う能力にあると考え、人間をホモ・ファーベル（工作人）と呼んだ。道具は人間の認知的・物理的能力の拡張を可能にする。人類の文明史は道具の歴史と言っても過言ではない。

望遠鏡により地球が太陽の周囲を回っているということを知り、顕微鏡により微生物の存在が確認できるようになった。

言語、文字などの象徴の体系から様々な道具、装置、機械まで、人間の意識と意志が反映された道具の存在によって初めて、人間は自らの限界を超え、未踏の領域を経験することができる。本書では、江戸時代の道具における進歩や特徴を重要な素材として扱っている。

心理学では、人間が既存の知識と経験を通じて外部の刺激を受け入れ再構成する認知構造のことを「スキーマ」と呼ぶ。例えば、アマゾンの原住民と都市文明人がスマートフォンを見て認知するものはまったく異なる。アマゾンのど真ん中でスマートフォンを渡され、A地点からB地点に移動せよという課題を与えられたら、現代人は地図アプリを起動して道を探すのに対し、原住民はスマートフォンを捨て、山の峰や星を見て道を探すだろう。

スキーマの土台となる知識、経験が全く違うからである。どれほど優れた道具であっても、使う側がスキーマを持ち合わせていなければ無用の長物になってしまう。江戸時代は日本人にとって、前近代を越え近代に向かうスキーマの形成、転換、拡張の時期であった。歴史、政治、経済、科学、文化など多岐にわたる情報の習得、そして実生活への応用を通じて形成されたスキーマは、近代化の時期に日本社会のパラダイムシフトを容易にする原動力となった。

本書ではこのような結論を導くために、観察者に与えられた裁量の範囲内で、江戸時代を人為的に再構成した。その過程で特定部分を実際以上に評価していたり、それに対する反証が抜けていたり少なかったりする部部もあるかもしれない。そのような不備があるとしても、韓国人の視点で江戸時代を再構成することは、それ自体に意味があると思う。

韓国の近代化には日本の近代化が投影されている。現代の韓国社会は、朝鮮の近世ではなく日本の近世とつながっている部分が多い。したがって日本の近世に対する理解を深めることは、韓国の近代化の根を探す過程となる。韓国の近代化の根を探し当てるためにも、日本の近世を真摯に眺めてみる必要があるというのが本書の主張だ。このような主張が理解され、今後さらに専門的な見地からの様々な研究と分析が続くことを願っている。

第1章

江戸の真ん中に二百年続く蕎麦屋がある意味

蕎麦は日本を代表する食べ物だ。駐日大使館近くの麻布十番という街に行くと、「更科《さらしな》」という名前の蕎麦屋がいくつか集まっている。元祖となる店は一七八九年に創業しているので、二二八年の歴史を誇る老舗だ。

現代人にとっては、蕎麦屋がどこにあろうともそれほど珍しいと思うことはないだろう。だが二百年ほど前に、都市の真ん中で蕎麦屋が営業していたというのは、決して普通のことではない。なぜかって？　ただ説明するのでは面白味がないだろうから、筆者がタイムマシンに乗って江戸時代へ行って、取材した仮想ルポを一つ紹介しよう。

布屋権兵衛は江戸の麻布に開いた蕎麦食堂「さらしな」の主人だ。祖父の良兵衛が寛政元年（一七八九年）に江戸に蕎麦屋を創業してから五十年の歳月が流れ、権兵衛は三代目として家業を継いでいる。

布屋はもともと布地を生業とする家で、信濃国（現在の長野県）の更級出身だ。山間地帯の信州にはシナノキが多い。そこに暮らす人々は昔からシナノキの皮を剥ぎ、縄や布、紙を作る技術を持っていた。黄色い布を石でこすって灰汁《あく》で漂白し、白くした高級な布を晒し布という。布屋はこの晒し布を作って、領主の保科《ほしな》氏に納品していた。

良兵衛は布地を納品するために、保科氏の江戸の藩邸に頻繁に出入りしていたが、江戸での業務が増えると、領主の許可を得て藩邸近くの竹屋町に住まいを構えるようになった。信州は蕎麦の栽培で有名な所である。良兵衛には粘り気の足りない蕎麦粉で麵を作る才能があり、ポロポロの粉をこねて麺にした。保科の藩邸の人々は、良兵衛が作り出す香り高い素朴な蕎麦を食べながら、故郷を恋しく思う気持ちをなだめた。保科氏は良兵衛が作った蕎麦を幕府の官僚や寺院、他の領主に贈りもした。保科藩邸の蕎麦がおいしいという噂が広がり人気を呼ぶと、領主は良兵衛に、この際だから蕎麦の店に専念してはどうかと勧める。

都市の真ん中で蕎麦屋を開業するというのは簡単なことでない。蕎麦は麺をゆでてすぐのにきれいな水を大量に必要とする。蕎麦をゆでた湯はすぐに濁るので、次々と取り替えなければならず、冷たくして食べる麺なので、ゆでた後は何度も水洗いしなければならない。他の麺類と比べて水を何倍も使うので、水が豊富に使えない場所では蕎麦屋を開けない。新鮮な材料が常時供給される「サプライチェーン」も必要だ。良兵衛が麻布に蕎麦屋を開くことが可能だったのは、このような条件が満たされていたためである。

まず、店の前に玉川上水と呼ばれる水路が伸びており、いつでもきれいな水を使うことができた。江戸は河口の湿地や埋め立て地が多く、井戸を掘るのが難しかった。地面を掘れば塩分を含んだ水が染み出てくる。だが、水がなければ人は生きられない。幕府は都市開発におけるこのような問題を解消するために、都市を流れる水路を作った。もともと江戸は雨が降るとすぐ浸水する沼地だらけで、人が暮らすのには適していない土地だったが、徳川幕府は開府とともに大々的な治水事業を行い、江戸の居住性を飛躍的に高めた。

江戸に住む人口の半分はすでに埋め立て地で暮らしており、埋め立て地のあちこちには物資運送のための運河と上下水の水路が蜘蛛の巣のように張り巡らされている。桑田碧海《そうでんへきかい》という言葉が江戸ほど似合う所はないだろう。

それから蕎麦粉は鮮度が重要だ。蕎麦の実を産地から運んできて、店で殻を取り除き製粉することで本来の味を引き出すことができる。信州から江戸までは二百キロの距離。以前ならば蕎麦を信州から運んでくることなど考えられなかったが、陸路と水路が大幅に整備され物資運送が容易になったのだ。

信州の下諏訪から江戸の中心部、日本橋をつなぐ幹線道路の甲州街道が開通するや、内陸の山岳地方、甲斐（現在の山梨県）や信州の産物が江戸に着くまでの日数が一気に短縮された。中馬という民間の運送業者を利用すれば、早ければ三日、遅くとも一週間以内に信州の原料を江戸で受け取れるようになった。武蔵野産の青果、佃島産の魚など、新鮮な材料が毎日のように配達され、醤油、清酒、鰹節などの保存食品は、全国をつなぐ商業的な海運網を通じて江戸に搬入され、広く行き渡っていく。市場に行けば欲しい物はいくらでも手に入れられ、江戸でできない商売はなかった。

さらしなでは蕎麦の殻を完全に剥いで製粉した白い蕎麦粉を使う。白い蕎麦はさらしなのトレードマークになった。当時、江戸で流行っていた「粋」の文化にぴったりとマッチし、江戸の美意識を代表する、あっさりした食べ物として人々の舌を惹きつけたのだ。将軍家を始めとし、江戸の有名どころの武家や寺社などが我先にと蕎麦を納品させた。文政七年（一八二四年）

に発刊された『江戸買物独案内』（江戸の買い物や飲食の店、約二千六百店を紹介するガイドブック。大坂で出版された）では、人気の蕎麦屋十八店のうちの一つとしてさらしなが紹介されている。江戸には年間数十万人を超える観光客が訪れるが、『江戸買物独案内』は店の集客に大きな効果があった。

当時の江戸は火災が頻繁に起きたために一般の家庭では火を使える場所が限定され、ご飯をなるべく短時間で炊こうと、精米の度合いを高めた白米を食べる習慣ができていた。それにより「江戸患い」（後世の研究で、江戸患いは白米の偏食でビタミンＢが欠乏することで起こる脚気であることが明らかになった）という変わった病気が流行する。

地方から出てきた藩士が江戸にいる間に病にかかってふらふらとなっても、故郷に戻ると、まるで病を洗い流したかのように治るのだ。そのうちに誰かが、蕎麦を食べれば江戸患いにならないということに気づく。この噂はあっという間に広がって、蕎麦は健康食品として知られるようになり、江戸の人々に大変な人気となった。

また蕎麦屋には男女のカップルがたくさん訪れた。都市の人口が増えるにつれ、男女関係にも変化が起きる。農村中心の社会では男女が出会って交際することは難しかったが、江戸のような大都市では未婚の男女が大っぴらに付き合うことも珍しくなかった。

デート場所としては歌舞伎や猿楽の公演が、食事をする場所としては雰囲気がよく価格の安い蕎麦屋が人気を集めた。男女がデートをすれば愛を分かち合おうという欲求が当然ながら生じる。しかし江戸の庶民が住む長屋は狭く、プライバシーが守られていなかった。そのため、江戸のカップルが二人だけの空間として利用し始めたのが、蕎麦屋やうどん屋などの大衆的な飲食店だった。いわゆる「蕎麦屋の二階」の風習である。もともとは主人の住まいとして使われていた二階の部屋を、デート用の部屋として貸すのである。カップルは一階の客席で料理と酒を楽しみ、自然と足を二階に向かわせる。こうした様々な理由で、蕎麦屋は江戸の人が好んで訪れる場所になっていた。

江戸では金銭取引が完全に慣行となっており、適正価格を決める際には、庶民の懐事情や物価の動向をきちんと考慮に入れなければならない。権兵衛は蕎麦一杯に十八文の価格をつけた。その他の蕎麦屋がおおむね十六文なので、一割ほど高い。

さらしなは、蕎麦と味噌は信州からの直送品、醤油や清酒などは高級品である下り物（伝統的な経済・文化の中心地である京都と大坂一帯で生産され、海運で江戸に運ばれる高価な物品のこと。反対に下り物ではない物品を「くだらない物」と言う）を使っているため、原価の負担が大きい。庶民が愛用する公衆浴場、銭湯の一日利用料が八文、八坪程度の庶民向け住宅、長屋の家賃が六百文という時代に、十八文は安い価格ではない。しかし、さらしなは江戸を代表する名所となったので、多少価格が高くても問題にならなかった。江戸は良い物を作りさえすれば、需要はいくらでもある巨大市場だからだ。

儲かってきて事業規模が大きくなると、お金の管理が必要になってくる。客から支払われた現金を家に積みあげておくわけにもいかず、また材料の仕入れの際などには、一度にまとめて大金を支払うこともある。

権兵衛はこの問題を解決するために両替商を利用した。両替商に現金を預けて信用取引のための口座を開設しておけば、簡単に資金を融通することができる。信州で原料を購入する時は、現金の代わりに「手形」という当座小切手で決済を行い、大坂でまとめて品物を買い入れる時は「為替」という遠隔地送金サービスを利用する。現金は保管と使用に限界があるが、両替商の金融サービスのおかげで、商いはずっとスムーズに行えるようになった。

商売の規模が大きくなると、権兵衛は様々な入出金、決算などの会計業務を任せる経理職員を採用することになる。寺小屋で読み、書き、算数、算盤《ソロバン》など基礎的な商業教育を受けた求職者が江戸にはあふれていた。権兵衛は、町内にある寺子屋の師匠の推薦で、和算（上級数学）と簿記を教えていた土佐藩（現在の高知県）出身の男を雇った。

土佐藩の出身者は聡明かつ理財に明るいことで評判が高く、全国各地に散らばって商業で活躍する者も多かった。この男も故郷を離れ、各地を流浪して見聞を積んでいた青年で、江戸の寺子屋でしばしの間、教諭として生計を維持していたところ、権兵衛と縁ができたのだった。

さらしなでは十人を超える従業員が働いている。蕎麦が人気だと知って、技術を習おうと訪ねてくる若者たちが最近はさらに増えた。修行は徒弟制度のもとで徹底的に行われる。入ってから三年の見習い期間は、給料がなく、水汲み、清掃、配達のみで厨房への出入りは禁止されていた。

この期間中、食住は提供されるが、給与は小遣い程度だった（徒弟制度の下での修行において、基礎段階で無料奉仕する雇用形態のことを年季奉公と言う）。

しかし若者にとっては、仕事がなくどうやって食べていけばいいのかも分からなかった以前と比べれば、飢えることなく技術を習えるだけでも充分だっただろう。苦しい見習い期間が終わると、まず蕎麦粉を作る技術を習う。良質の蕎麦粉を扱えるようになったら、こねる、麺にする、ゆでる、各種だしを作るという順で、業務がグレードアップしていく。十年ほど習えば立派な蕎麦職人となって高い給料をもらえ、他の店に就職したり、本店の許可を得て新たに店を開業したりすることができる。江戸と大坂の有名な店を中心に、暖簾分けと呼ばれる、ファミリーフランチャイズ方式が少しずつ増えていった。

今、権兵衛が気を遣うのは店の宣伝である。多くの店が先を争って「引き札」というチラシを発行してお客さんを呼び込むなど、業界内では競争が熾烈になっているのだ。単純な引き札を発行するだけでは、もはや効果が薄く、これまで以上に消費者の目を引ける広告が必要になってきた。そこで権兵衛は歌舞伎に注目する。

歌舞伎俳優は、江戸の流行を左右すると言われるほど大衆に人気のある有名人だった。歌舞伎俳優の名声を店の宣伝に活用すれば効果絶大と考えた権兵衛は、歌舞伎界の大物、市川団十郎に名義の使用契約を申し入れた。多少お金がかかっても、必要な投資はするべきだというのが権兵衛の持論である。権兵衛はさらに一歩進んで、引き札に絵を描き入れパッと目につく図案を考え

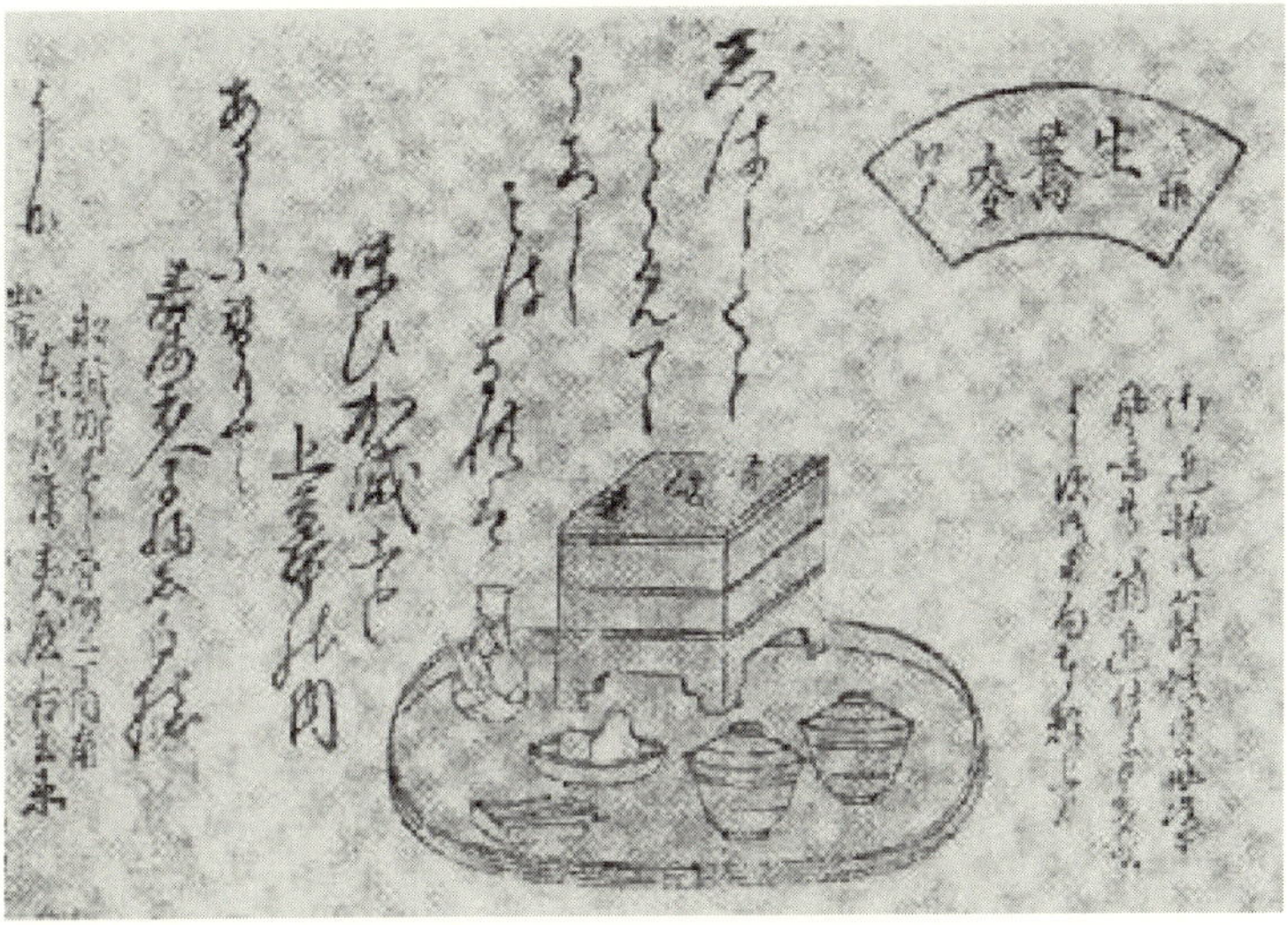

歌舞伎俳優、市川団十郎の名前が登場する、江戸時代後期の蕎麦屋のビラ

た。消費者の目を引き、好奇心をくすぐれる店が成功する。権兵衛は競争の時代における生存戦略の重要性を強く実感するようになる。

ここまでの話は、実際のストーリーに虚構を混ぜて再構成したものである。虚構と言っても嘘という意味ではない。一つ一つ対応させたわけではないが、歴史的な事実関係と符合する世相を反映させて再構成してある。蕎麦屋の話を長く書いたのは、筆者がうどん・蕎麦屋を経営しており、蕎麦屋が都市の真ん中で商売をするためにはどのような条件が満たされている必要があるのかを、誰よりもよく知っているからだ。

仮想ルポのとおり、江戸時代には現代人の生活様式の原型とも言える姿が見てとれる。都市の居住者は、様々な職に従事し、収益を生み出し、賃金を得て、それを財源として消費をしながら生活を営んでいた。同じ時期の西欧の状況には及ばないかもしれないが、制度、慣行、インフラの形成と作動という側面において、同時代の朝鮮の事情と比較すると、その格差は実に大きい。

江戸時代の日本は、武士が刀を持ち、恐怖政治を行っており、人々は彼らの顔色をうかがいながら震えて暮らしていたと韓国人は考えているが、その時代、すでに日本は朝鮮のずっと先を歩いていた。では、なぜそのようなことが可能だったのだろうか?

第2章
末開の地に誕生した「江戸」

日本の近世のことを江戸時代と呼ぶ。江戸時代とは、徳川家康が幕府を開いた一六〇三年から幕府が権力を天皇に委譲した一八六七年までの約二百六十年の期間を指す。権力の中心である幕府が江戸にあったという意味で江戸時代と呼ぶのだが、個人的には、「江戸の時代」あるいは「江戸が作った時代」なので江戸時代と呼ぶ、というほうが合っていると考える。それほどまでに、日本の近世史において江戸が持つ意味合いは大きい。

江戸は今日の日本を作った源である。すべての歴史には、因果関係を説明できる必然と、そうではない偶然が共存する。江戸が日本の歴史を大転換させることになった事情も、言われてみれば、奥妙な偶然とアイロニーが複合的に作用したものである。それが江戸時代の歴史を読み解く、一つ目の楽しみだ。

だだっ広い平野からの始まり

実際のところ、江戸は家康が望んで向かった地ではない。十六世紀末、家康が移る前の江戸は葦が生い茂る小さな漁村だった。十五世紀のわずかな期間、中継貿易の港としてにぎわったことはあるが、戦国時代の混乱の中、約百年の間に衰退を繰り返し、何も残っていない見捨てられた土地となっていた。豊臣秀吉は天下人になると、潜在的なライバルたる家康に本拠地を駿府（現在の静岡県）から江戸に移すことを命じる。

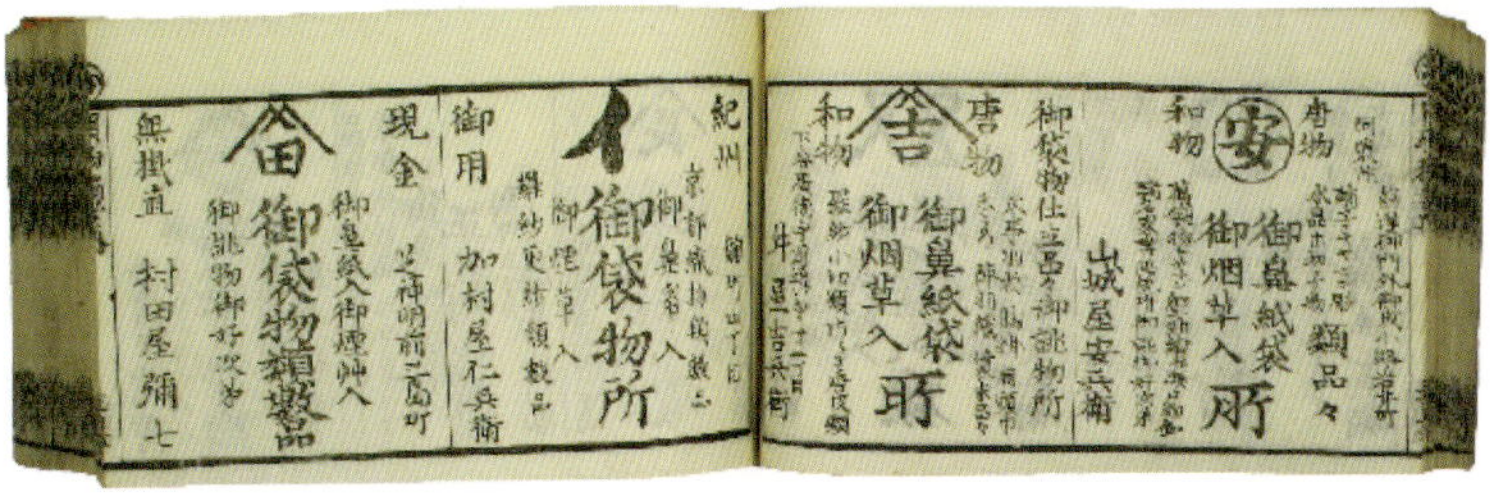

江戸の店や買い物の情報を載せた『江戸買物独案内』
（本文 p.25）

江戸幕府を開いた徳川家康。今日の日本の基礎を築いた最大の功労者である
（本文 p.32）

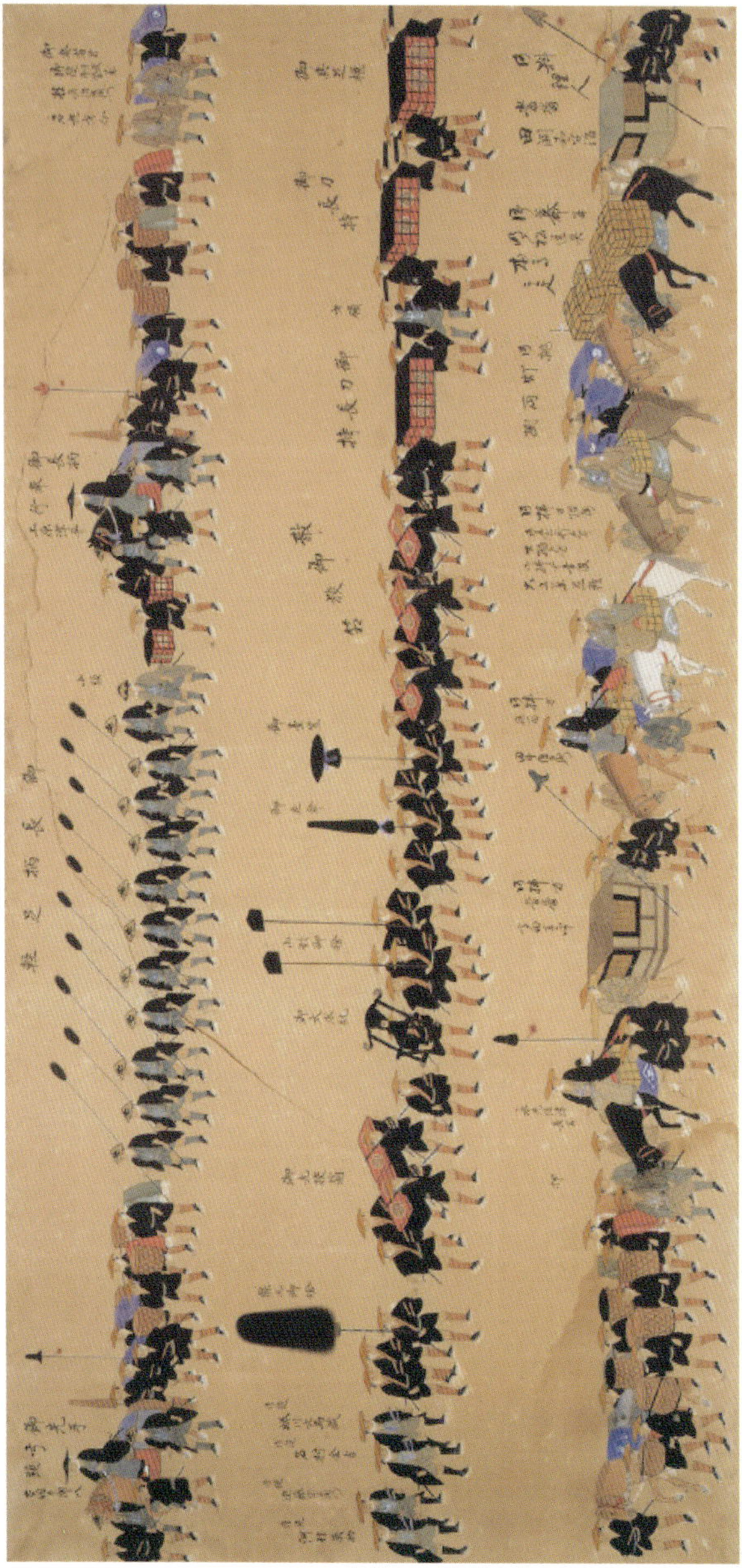

津山藩の大名行列図。この後に合計６枚の行列図があり、13. ４メートルになるこの図には総勢 812 人の人物が描かれている（本文 p.51）

日本橋を渡る大名行列と、その前には魚を売り歩く商人の姿が描かれている。
歌川広重（本名、安藤広重）作（本文 p.51）

仙台藩の初代藩主、
伊達政宗
（本文 p.61）

江戸時代、食料品を扱う商人の姿。味噌、醤油、豆腐、青果、魚、簡単な食事などを天秤棒にぶら下げて通りを回りながら売る商人のことを振り売りという（本文 p.63）

伊勢神宮を参拝するために宮川を渡る人々。歌川広重の浮世絵　（本文 p.71）

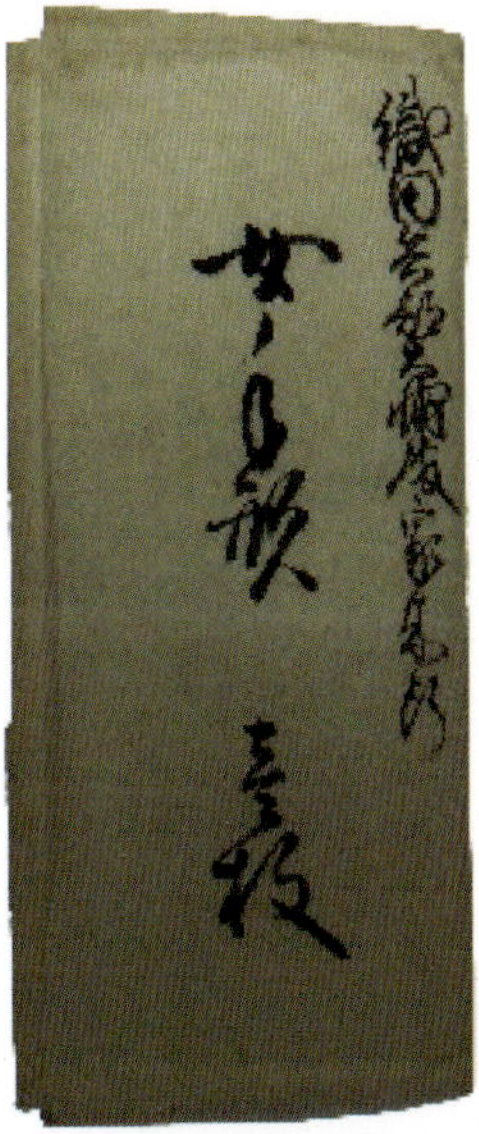

江戸時代のパスポート
に当たる通行手形
（本文 p.72）

参勤交代は道路・宿泊施設などの面で江戸時代の旅行の大衆化に大きく寄与した
（本文 p.72）

重要な道路で、約 500 キロに達する。菱川師宣作 （本文 p.73）

東海道の宿場町、赤坂宿にあった旅籠の大橋屋。1649 年に創業し
2015 年に廃業するまで、366 年間営業を続けた （本文 p.76）

江戸の日本橋と京都の三条をつなぐ東海道。五街道のうち最も

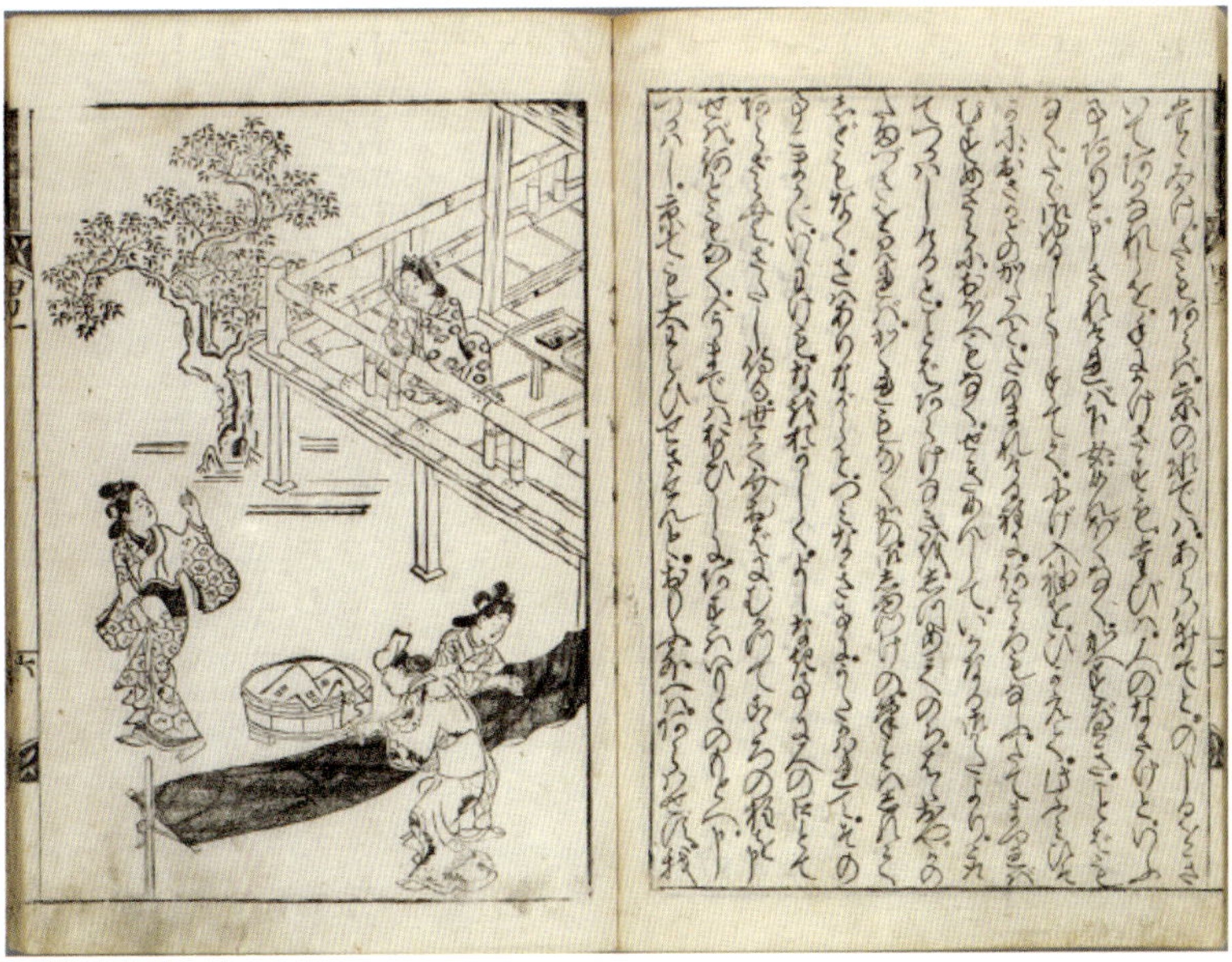

日本人の読書熱に初めて火をつけたファンタジーポルノグラフィー小説『好色一代男』。1682年に初めて発刊された　（本文 p.83）

長州藩の藩校、明倫館の敷地に建てられた明倫小学校。現在の校舎は1930 年代に新しく建てられたもの　（本文 p.99）

図典出処　https://en.wikipedia.org/wiki/Meirinkan

昌平坂学問所。朝鮮で言えば成均館（ソンギュンガン）に当たる最高の官学教育機関である　（本文 p.101）

図典出処　https://ja.wikipedia.org/wiki/ 昌平坂学問所

家康が多くの艱難辛苦を乗り越えた末にようやく駿府に落ち着き、統治体制の整備も進んで一息つこうかという一五九〇年のことである。秀吉は戦略的な要衝地にいる家康を目障りと考え、遠く離れた片田舎に行かせて、勢力拡大の芽を摘もうとした。国替えを命じられた家康は、目の前が真っ暗になるような心境だっただろうが、秀吉の命に逆らうのはあまりにもリスクが大きい。家康は追われるようにして駿府から江戸へと入城する。

家康が移ってきた頃の江戸は、閑散とした状況だった。南北にくねくねと流れる川は雨が降ればすぐに氾濫し、地盤は弱い。川と海がぶつかる河口流域は葦で覆われた湿地で、人が暮らすことも、農耕をすることもできない。海岸は砂丘と浅瀬が多いため船は近づきにくく、港としての利点を生かしづらい。江戸は地形的に人間が住みやすい場所ではなかったのだ。

武家中心の封建社会において、都市の基礎となるのは城（特に領主が本拠地にする城を「居城」と言う。居城はそのお国の象徴であり最も重要な軍事基地であった。領主の威厳を示し、物資の補給と防備を考慮した巨大な建造物であり、日本の土木・建築技術の発展に大きな影響を及ぼした）である。

江戸城があることにはあったが、規模は小さく防備は不十分で老朽化していた。家康についてきた数万の家臣が暮らせるほどの宅地も、食糧を供給する農耕地もろくになかった。すべてがゼロからのスタートという状況だったのである。

家康の偉大さは忍耐力と粘り強さにある。家康は失望することなく、江戸の開拓を着々と進めていく。まだ戦国時代の武力闘争の余波が残っている状況だったが、初期の江戸開拓は、移住してくる民の生活基盤の確保と、軍事インフラの構築に重点が置かれた。長らく戦場にいた家康は、ここで意外な指示を出す。普通の領主であればまずは城の整備から取り掛かるところだが、家康は城の補修を後回しにして、家臣の住居を最優先して開拓を始めたのだ。そして家臣の生活が安定してから、物資の補給路の確保と城下町造成のための土木工事に着手する。

水を制する者が天下を制する

江戸は日本の東と西をつなぐハブとして、非常に大きな可能性を持った位置にある。だがその可能性は、人間が自然という難関を乗り越えてこそ実現できるという条件が付いていた。家康と家臣らは連日、地図を開いて江戸開発プラン作成に没頭する。地形的な特性から、江戸の開発は基本的に治水事業となる。1.自然災害を減らす、2.外敵の侵入を防ぐ、3.物資の運送を円滑にする、4.人間の居住地と耕作地を用意する、そのためには水を鎮めなければならなかった。治水事業よる都市基盤の造成が目標とされると、1.人工の水路を通す、2.自然の水の流れを変える、3.水面を埋める、という大規模な土木工事が計画される。

軍事的な側面と生活基盤の造成という側面から、まず物資の補給路を整備することが急がれた。東京に行くと、内堀や外堀など「堀」のつく地名を数多く見かける。堀は人為的に掘られた水路

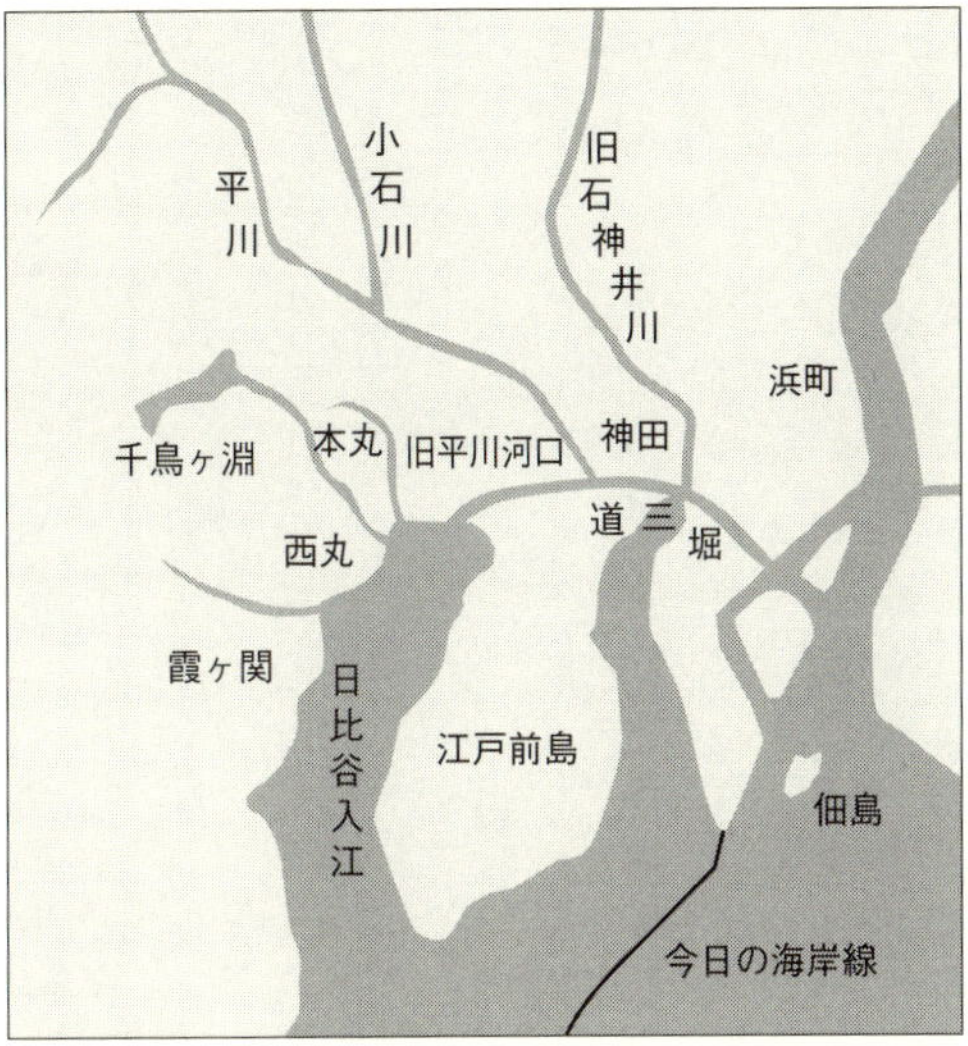

家康が入城した当時の海岸線。この時期に日比谷入江が埋め立てられ、その後も継続的に工事が行われ、現在の海岸線の内側に当たる部分が、江戸時代にすべて陸地となった

のことである。日本では戦国時代に城郭の造成などが行われ、早くから堀作り灌漑の技術が発達していた。

家康は大々的な堀作りから着手する。初期のランドマーク的な事業としては「道三堀」の開通があるが、これによって海路から運送されてきた物資を船で城まで直送できるようになった。大事な兵糧である塩を運送するための、生産地の行徳塩田と江戸とを航路でつなぐ小名木川運河など、南北の川を東西に横切る人工の水路が次々と建設されていく。

江戸のもう一つの問題点は飲用水が足りないということだった。一部地域を除けば、江戸では井戸を掘ると塩水が出る。軟弱な地盤の沖積地が多く、地下水に海水が混ざっているためである。江戸の居住性を高めるためには、大量の生活用水の供給が絶対に必要となる。家康は忠僕の大久保忠行に任務を与えた。大久保は江戸城から数キロメートル離れた小石川の水を江戸に引く水路を切り開いた。日本で最初の水道と呼ばれる小石川上水だ。江戸の人たちは生活用水が流れる水路を上水と呼んだが、これは上から流れてくる水という意味である。反対に、使って流す水を下水と呼ぶ。現代の上下水道の語源だ。

江戸の人口の急増に合わせ、大々的な上水の拡張工事が続く。井之頭池の豊富な水源を活用した神田上水が一六二九年（推定）に開通、一六五四年には四十キロメートルも離れた多摩川の水を江戸まで引く玉川上水が開通した。玉川上水は大きく分けて三つの施設から構成される。多摩川上流の水を江戸の外郭、四谷まで流す約四十キロメートルの人工水路、四谷に造成された集水場および水門（この人工貯水池を管轄する官庁を四谷水番所と言う。水質管理および流量の調節を担っていた）そして地下あるいは半地下の形で、至る所に埋設された木材または石材の水道管だ。

人工水路を通って四谷に集められた水を何日かかけて浄水してから、四谷の水番所で適宜水門を開放すると、そのまま飲めるほどきれいな水が水道管を通じて江戸全域に給水された。玉川上水の全体の標高差は九十二メートル。全長四十三キロメートルなので、一キロメートルあたり二メートルの標高差が保たれるように建設しないと水の流れを維持することができない。ポンプなどの人工の動力はなく、高低差だけを利用してこれほどの長距離にわたって水を流すというのは、現代の技術をもってしても容易なことではない。測量、掘削、構造物の建築などの高度な土木技術、これに耐えられる財源、そして実行の意志と能力がある公共事業主がそろってこそ実現できたインフラであった。

家康が江戸に入城した後に総動員体制で江戸の開拓に専念できたのには、意外な事情がある。一五九二年に秀吉が朝鮮に出兵すると、朝鮮半島に近い九州、四国、中国一帯の大名は、秀吉の命に従い大規模な兵力を朝鮮に出さなければならなくなった。しかし家康は不平も言わず秀吉の命に従って江戸に移転していたおかげで、兵力を出す対象から外される。朝鮮から離れていて、何もない荒れ地に移されたという気の毒な事情が考慮されたのだ。莫大な軍備の負担により大名の財政が揺らいでいる頃、家康は江戸の開拓に総力を挙げることができた。

家康が江戸に入城して十年、江戸の歴史に一大転換期が訪れる。一五九八年に秀吉が亡くなると、日本は再び東軍と西軍に分かれての天下の覇権を懸けた戦に突入する。家康が導く東軍が一六〇〇年に関ケ原（現在の岐阜県）の戦いで勝利を収め、家康は一六〇三年に余勢を駆って征夷大将軍となる。最高の権力の座に就いたのである。

天下を取った家康は、幕府をどこに置くかについて悩む。経済の中心地として繁栄していた大坂に幕府を開くことを諫言する参謀もいた。この参謀の話にも一理はある。大坂は京都からも近く、非常に暮らしやすい場所だ。だが家康は参謀の意見を退け、江戸に幕府を開くことを決める。家康が江戸を守り通した理由は分からない。それまでの十年間、多くの家臣の血と汗で建設した地に愛着があったのかもしれない。江戸の持つ可能性を信じ、江戸が大坂を凌駕する新しい天下の中心となることを見抜いていたのかもしれない。理由はどうあれ、家康が江戸に残ると決めたことは、日本の歴史の流れを変えることになる。

将軍の座に就いた家康にとって、当面の国政上の課題は二つ。一つは大名の勢力を牽制すること、もう一つは江戸の開発を加速させることだった。それぞれ異なる目標だったが、家康は二つの目標を同時に達成する妙策を思いつく。全国の大名を呼び集め、江戸に住まわせることにしたのだ。後の章で説明する、参勤交代の原型となる人質政策である（家康は自らが幼少の時より周囲の強大な大名の所で人質として生活した経験があり、人質政策の効果をよく知っていた）。

全国から集まった大名と家来の住まいを用意するためには数万人を収容できる宅地が必要だったが、江戸にはそれほど土地がない。家康は危機のたびにチャンスを見出す創意的な発想の持ち主で、この時も彼は機知を働かせる。宅地を用意するために内陸に向かうのではなく、海を埋め立てて土地を作ることにしたのだ。

埋め立ての候補地となったのは日比谷入江である。現在の東京の中心部、皇居付近の日比谷一帯は、入江という名前から分かるように、もともとは陸地ではなく河口に当たる土地だった。家康は、城の北側に位置する神田山を削って調達した土砂で海を埋め、土地を作った。都心で運河を掘って出た土も、すべてここに搬入された。即断即決でやり遂げた、いわば突貫工事である。数万人が山を削り、土を運び、海を埋め、地盤を固めてからわずか一年で、汝矣島《ヨイド》（ソウル市を流れる漢江《ハンガン》にある中洲）の半分ほどにもなる広大な面積の土地が生まれた。現在の日比谷公園から新橋を経て浜町にまでまたがる地域だ。ソウルで言えば、市庁《シチョン》前から龍山《ヨンサン》までの地域が、朝鮮時代の宣祖《ソンジョ》（朝鮮第十四代国王。在位一五六七年〜一六〇八年）の時に作られた埋立地になるということだから、驚くほかない。

江戸の今日を作り上げるのにあたって、最も重要な治水工事としては利根川東遷《とうせん》が挙げられよう。利根川は日本で最も水量が多く流域の広い川の一つで、群馬県を水源として江戸に流れ込む巨大な河川である。江戸の背後には関東平野と呼ばれる広い大地があったが、雨期になると氾濫する利根川の存在により不毛の地となっていた。

徳川幕府の将軍は代々、利根川の治水にエネルギーを注いだ。治水のポイントは利根川の流れをコントロールすることだ。多岐にわたる支流を合流させてから、中間地点に大規模な堤防を築いて江戸に流れる水量を減らし、東側の太平洋沿岸（現在の千葉県銚子市）に流れる水量を増やして関東平野一帯の水害を制御し、農地を確保することが目標とされた。その最初のひと掘りを手掛けたのが家康である（家康が利根川東遷という目標を認識していたかについては意見が分かれる）。

利根川東遷は奇跡を生んだ。広大な面積の不毛な土地は、日本で一番の穀倉地帯になったのだ。長い間にわたり氾濫によって様々な無機物と有機物が堆積していた関東平野は、日本屈指の生産性を誇る肥沃な土地へと変わり、農民が大挙移住してきて耕作が始まると、大量の農産物が収穫されるようになる。

背後に強固な食糧供給地を確保した江戸は、十八世紀初期には人口百万の大都市へと跳躍する。関東平野開拓の効果は江戸だけに留まらなかった。利根川の治水事業は日本全域の農地開墾にも影響を及ぼしていく。人間の力で自然を変えた国土開発の模範事例となり、多くの大名が先を争って同様の開発事業を行ったのである。江戸初期には千三百万人だったと推算される日本の人口は、一七三〇年には三千二百万人となり、百三十年間で約二・五倍まで増加したことになる。

家康は都市基盤の拡充と同時に、都市に活力を吹き込むために城下町の活性化を進めた。地域経済の基礎になる産業を奨励し、居住者の生活に役立つ各種技術者、商人、学者などの人的資源集めにも乗り出す。海と川あるいは運河が交差する場所ごとに船着き場や埠頭《ふとう》を建設したり、物流のための各種倉庫業者や卸売業者を誘致したり、江戸近海の豊富な水産資源を活用できるよう主な船着き場と埠頭には魚市場などを開設したりした。

家康は自由な商業活動の保障、居住地での便宜などをインセンティブとして掲げ、日本全域から江戸への移住希望者を募った。建設・建築に必須の大工、鍛冶屋、石工から、食品、布、衣料、物流など、様々な分野の移住民が江戸に集まり、江戸は徐々に、活発な商業活動が行われる都市の姿を備えるようになっていく。

江戸は当時、文化の中心である京都、商業の中心である大坂などと比べると、既得権が少ない市場だった。江戸市場の登場は、中世ヨーロッパの自由都市の登場と同じ意味を持つ。身分、人脈、既得権が支配する閉鎖的な市場から離れ、自律、能力本位の開放的市場ができてくると、商業活動に新しい活力が吹き込まれ、江戸の町人の地位が向上していく。多くの人々が賃金をもらう労働者として流入し、貨幣経済が進むと、それが再び経済活動を刺激するという循環型の都市経済の基礎が整っていくのだった。

大名を使いインフラを構築する

家康とその後に続く将軍、秀忠、家光、家綱の四代にかけての頃は、あまりにも多くの大規模な土木工事が実施されており、その全貌を少ない紙面で紹介するには無理がある。先ほど紹介した事例の他にも、史上最大規模で進められた江戸城を始めとする多数の城郭の築造、都心を蜘蛛の巣のようにつなぐ運河網の建設、治水のための河川整備、そして農業用水路の造成、五街道を始めとする幹線道路の拡充など、現代の国家でも類例を見ないほど大がかりな規模のインフラ事業が、この七十年間の江戸で集中して行われた。

同じ時期のヨーロッパの国家で、これほどのインフラを備えた都市は一つもなかった。本国への帰航途中に台風により難破し、一六〇九〜一六一〇年に江戸に滞在したスペイン出身のドン・ロドリゴは、その時の経験を『日本見聞録』として残し、当時の江戸について「江戸は大きい都市である。市場は活気があり、物資が豊富だった。私がスペイン王の臣下でなかったなら、この地に定着したかもしれない」と書き記している。

家康と後代の将軍が、これほどまでの規模の土木・建築事業を行うことができた背景には天下普請《ぶしん》の存在があった。天下普請とは、将軍が大名に課す公共事業の役務のことを言う。後の章で触れるが、日本の封建制はヨーロッパの封建制と似ている面もあるが、いくつか決定的な違いがある。まず戦国時代以降、日本の封建制で将軍と大名は主従関係になかった。ヨーロッパの「王－諸侯」の関係とは異なり、日本の将軍は最も強力な一武家に過ぎない。

将軍は制限的な権威しか持たない統治者であり、大名から税金を徴収することもできなかった。大名の忠誠の証としては、戦時に将軍を軍事的に支援する軍役だけが義務化された。一般的に、中央の権力が強大になれば、地方の私的な武力保有は抑制できるようになるが、これは日本では不可能なことであった。軍役が契約の基礎であるため、大名の武力保有を禁じることができないからだ。

下剋上が横行する戦国時代を経て、忠誠の誓いが重みを失って久しい。将軍の安全を保障するための軍役の義務が将軍の安全を脅かしうるというパラドックスの中、将軍は大名を牽制するために、軍役を有効活用する必要があった。このような事情から、軍役の延長線上として、城郭の築造、堤防や道路建設など、戦争の基幹施設に関わる工事に人材や資材などを提供するよう大名に義務を課したのが天下普請（天下普請の起源は、鎌倉幕府の頃に守護大名に賦課された将軍御所修造の義務である。安土・桃山時代には織田信長と豊臣秀吉も、服属させた大名に天下普請を命じたことがある）である。

家康は将軍の座に就いてすぐ、天下普請を発令する。日比谷入江の埋め立て事業を始めとして、外堀（江戸城の外側の城郭）の造成、江戸城の築造、五街道の整備などに全国の大名を動員したのだ。天下普請では千石夫《せんごくふ》（石高千石当たり一人の割合で人を供出すること、また、その人員のこと）、資金、資材そして施工の義務が石高を基準として課された。天下普請は将軍による統治の象徴であり、大名を牽制する策でもある。家康は大名の天下普請への対応を、忠誠心の判断基準とし、抵抗する大名には多くの義務を課し、貢献する大名は義務を軽減した。

各大名は天下普請に伴う財政の圧迫から逃れるためにも、定められた期日内に高い完成度で事業を完了させられるよう必死になった。失敗した場合に信頼を失うのは当然のことだが、そのうえ、より大きな負担を課せられたり、処罰を受けたりすることがあるためだ。

大名が天下普請の命を受けて工事に臨んだはいいが、工事完了に必要な資材や技術を持たないケースも多く、足りない資材や技術を藩どうしで取り引きしたり、専門家を人材市場で獲得したりする必要が出てきた。これまでになかった資本、資材、専門の人材に対する需要が生じ、市場で取り引きが行われ始める。

また天下普請は各藩の統治にも影響を及ぼした。多くの大名が天下普請の負担に耐えるため、行政力を強化させ、税収増大のために新田を開墾するなど、統治体制の整備に力を傾けなければならなかった。

天下普請の絶妙なところは、国が収める国富がそっくりそのままインフラに転換されたという点だ。もし将軍が中央の君主として徴税、すなわち貨幣もしくは現物の形で一定の生産分を納めさせていたなら、その過程で多くの非効率を生み出し、歪んだ形での資本の蓄積や余剰が生じただろう。日本は天下普請により、税金の徴収ではなく「結果物」の形態で義務を課したため、管理費用などの埋没費用や着服によって消える分もなく、投入分のすべてが実物インフラとなった。このようなインフラは、次章で説明する参勤交代の施行とともに著しい経済効果をもたらす。現代の経済学の言葉で説明すれば、乗数効果の非常に高い財政政策が、絶妙のタイミングで施行されたということになる。

日本にとって、将軍が大名を牽制しなければならないというジレンマを抱いていたことがかえって幸いした。前近代のヨーロッパと東アジア諸国は、少数の中央支配層を頂点とする段階的な搾取的構造を基本としている。交通や通信は発達しておらず、統治に民主性を欠く前近代において、税金は非効率性も高く生産力拡大のための再投資にも使われにくかった。税金は誰かの懐に入って贅沢のために浪費されるか、あるいは使い切らずに消える国富の墓となる。

日本は中央の徴税権がなかったという事情が天下普請と組み合わさり、全く予期できない結果を生み出したのだ。まず天下普請に使われる資源は、中央の支配層に移転、蓄積され得ない性質のものだった。

藩は常に、動員する人夫への労賃や資材購入の費用を支出しなければならなかった。天下普請の費用を捻出するために借金をしなければならない大名も存在したほどである。末端から税金の形で取り立てる生産物は、天下普請を通じて労賃や資材の代金という形で再分配された。このような直接的な資源投入の結果として高い水準の公共インフラが整えられると、経済活動が一層促進され、これが再び末端の納税者の生活改善へとつながっていく。天下普請が意図せず国富のインキュベーターになったわけだ。

ローマには「道は強き者が作り、弱き者が壊す」という格言がある。体制が整えられた優秀な国家ほど社会インフラを充実させており、そうでない国家ほど社会インフラのレベルが低いという意味である。武家が実力本位の競争を繰り広げるという日本特有の政治状況の中で、幕府を江戸に置くことにした徳川家康の決断が、天下普請や参勤交代と相まって革新的な都市文明の序幕を開けた。これが江戸時代の要諦である。

第3章

参勤交代の劇的な成果

駐日大使館に勤めていた時のことだ。タクシーで韓国大使館へ向かう時に「韓国大使館までお願いします」と行き先を伝えても、どこか分からない運転手がたまにいる。そんな時は「仙台坂に行ってください」と言うと、すぐに分かってもらえる。

仙台坂というのは、大使館正門前の、片道一車線ずつのひっそりした道路の名前だ。大使館に初めて赴任してきた時に、なぜ東京に仙台という地名があるのかが気になった。あとから知ったことだが、この道路の南端に、江戸時代に仙台藩の領主伊達家の邸宅があったことに由来していたのだ。

東京にはこんなふうに、江戸時代の大名の邸宅に由来する地名が残っている。高級ファッション・ストリートとして韓国人にもよく知られている青山という地名は、戦国時代の戦略的要衝地だった岐阜県郡上八幡城の城主、青山氏の邸宅があったことに由来している。

参勤交代が日本の体質を変えた

江戸時代、大名は江戸に藩邸を持っていた。参勤交代によって一定期間、江戸に留まらなければならなかったためだ。参勤交代というのは、一年を単位として各藩の藩主を定期的に江戸に出府させて留めるという一種の人質制度である。参勤は江戸に上京して留まること、交代は領地に復帰することを意味する。原則として一年を江戸で過ごし翌年に故郷へ戻るわけだが、言うは易し、当時の交通事情を考えれば一年ごとに長距離を移動するのは並大抵のことではない。似たような制度は以前から存在していたが、一六三五年に三代将軍、徳川家光が武家諸法度で法制化した。

朝鮮半島にも高麗の「其人制度」という類似の制度があり、政権を安定させるための政策の一つだが、日本では参勤交代を日本の近代化成功の原点と見る向きもある。日本が近代化の優等生となった秘密は、参勤交代で近代化を予習していたところにあると言うのだ。

参勤交代を説明するためには、江戸時代の統治構造に関する理解が必要だろう。江戸幕府の統治は、将軍と大名の間に封土を媒介とする「御恩―奉公」の関係を基礎にしている。大名は将軍から恩恵すなわち封土を与えられ、その土地と民に対する統治権を得る。大名は忠誠の証として軍役と天下普請の役務を負担する。そして将軍は、役務に反した大名の地位を剥奪できる権威(これを改易またはお家取り潰しと言う。幕府は大名の抵抗、失政、無礼などを理由に封土を剥奪または削減したり、謹慎を命じたりすることができた)を確保することによって、日本全域を間接的に統治する。このように地方分権的な要素と中央集権的な要素が混在する二重構造の統治体制のことを幕藩体制と呼ぶ。

幕藩体制の特徴は、前章で説明したとおり幕府が各藩に対して徴税権を行使しなかったことである。各藩は管轄地域で徴収した税金に対する統制権を持つ。これが大名の享受していた自治権の核心だ。監視の目に限界がある遠隔地で、独立した財政権を行使して勢力を蓄える大名というのは、将軍にとっては潜在的な脅威となる。これに対して幕府が大名の勢力を牽制するために差し出した会心のカードが天下普請と参勤交代なのだ。

参勤交代によって全国のすべての大名は、正室と嫡子を江戸に残したまま江戸と藩を行き来しながら生活しなければならなくなった。参勤交代を疎かにすると反抗と見なされ、大名の地位が剥奪される可能性もあった。このような参勤交代が日本の体質を根本から変化させたということだが、大名を牽制する策として江戸幕府の政権安定化に寄与したことは理解できるとしても、政治的な人質制度がどのように日本の経済社会的「風景」を変えたと言うのだろうか？

参勤交代の大いなる経済効果

まず経済的な波及効果が挙げられる。参勤交代には莫大な費用がかかる。少なくとも百人、多ければ五百人以上の大規模な集団が数百キロメートル以上の距離を移動するわけだが、必要とされる費用は大名がすべて負担しなければならなかった。定められた期日より一日でも遅れて到着したら幕府の叱責と莫大な費用損失が発生するため、各藩は事前に先遣隊を派遣して緻密なスケジュールを組んだ。さらに、道路事情が劣悪な場合は、自らの予算で道路を改補修しなければならなかったので、心理的かつ経済的ストレスが大きかった。

実際に移動する際の随行者一人当たりの食費と宿泊費を、現代の貨幣で一日約六千円と想定すると、平均で三～四億円ほどの経費が片道で必要になる。全国には二百七十余りの大名が散らばっていたので、現在の金額で毎年数千億円が道端に撒かれたことになる。さらに旅費とは比べものにならないほど多額の江戸滞在費が加わると、参勤交代にかかる費用は大名の税収の半分を超えるほど莫大な金額となった。

実例を出そう。一七二〇年の記録を見ると、三大雄藩の一つ、薩摩藩（現在の鹿児島県）は五百八十八人の大名行列が千六百四十四キロメートルを七十三日かけて移動し、（現代の貨幣で換算すると）移動のために支出された費用が六億八千万円、江戸での滞在費などを含めると合計二十一億円が、その年の参勤交代で使われた。この他にも、将軍に捧げる献上金、老中やそのほかの幕臣への贈答品の費用などに数億円が追加で支出されている。

経済的に見ると、大名が支出した分は誰かの収入となるわけだ。最大の恩恵を受けたのは、交通・宿泊の要地と江戸や大坂などの大都市に住む商工人や労働者だった。江戸に出入りする交通の要地には、大名行列の人々が宿泊するための旅館などの施設を備えた宿場町が造成され、物資輸送のための物流業者など様々な周辺産業が生まれた。

天下普請も参勤交代と関連して数多く行われた。参勤交代によって五街道と呼ばれる幹線道路が大幅に拡充され、江戸城を始めとする都市基盤の建設に必要な資材運送のために海路と水路が整備された。十八世紀初頭に米を始めとする各種物資が集められた大坂から江戸までをつなぐ複数の民営定期航路が開設され、十八世紀末期には全国を結ぶ産業海運網が完成している。海運網の発達により、米、酒、醤油、様々な生活必需品、地域の特産品が大坂に集められた後、江戸に送られ、全国的に流通することになった。このような物流インフラの発達が、さらに地域経済を刺激し活性化させるという好循環の経済システムを構築したのである。

大名という在郷支配層の消費支出の増加が、商人や都市労働者の所得に吸収される現象は、現代的に言えば一種の「トリクルダウン効果」が発生したということになる。ただ現代のトリクルダウンが富裕層の税負担を軽くすることで間接的に消費支出を増加させる理論であるのとは違って、参勤交代は富裕層の義務的な消費支出を拡大させたという点で、富の還流と経済活性化に、より直接的かつ確実な効果があったと言える。

カネが回り都市が発達する

長距離移動と遠距離流通の発展により必然的に刺激を受けたのが貨幣経済である。地域経済では物々交換によって取り引きが行われるため、貨幣の必要性は高くなかった。しかし遠距離を移動する際には、これまで貨幣の役割を果たしていた米では支払い手段としての限界がある。大名は参勤交代のために、いつでも必要な時に支払いができるよう米を売って貨幣を用意しなければならなかった。

このような形で貨幣の流通が進むと、全国的な取り引きの利便性が大きく向上し、様々な商業経済活動は一層活性化した。さらには貨幣を利用したビジネス、すなわち金融業が発展していくことになる。秋の収穫を待てない大名に、米を担保にして現金を貸し出すなどの米商人による貸付業を始めとし、江戸を中心に流通している金貨と大坂を中心に流通している銀貨との交換を行う両替、遠隔地間で金融取引を行うための一種の信用決済など、様々な金融サービスが次々に登場した。

参勤交代がもたらした最大の副産物は、江戸のまばゆいばかりの発展だ。中央と地方の最高のエリート集団が、江戸という一つの都市に住むことで生まれる社会経済的効果は計り知れない。数十万人の大名と家臣が「純粋な消費者」となることで、江戸には巨大な消費市場が形成されていく。

彼らの邸宅と家臣の宿舎、および公共インフラを作るための土木・建設・建築業から、大名一行の公私にわたる交際のための外食業、工芸業、運輸業、当時流行した「粋」な服飾文化を支える繊維業や衣料産業、大勢の人の文化生活に欠かせない各種出版業、公演業や娯楽産業まで、現代の都市を彷彿させるほど多岐にわたる分野での商業活動が活発に展開される。

参勤交代で形成された江戸圏内の巨大消費市場は、都市機能の維持に必要な人口の流入を誘発した。全国から調達された様々な品物が流通し、大衆消費向けのサービスが提供される江戸には、十八世紀中盤には百万人が住んでいた。江戸は、商業活動が盛んで、都市の基盤施設が整えられた世界最大の都市にまで成長する。

力を得た庶民階級の登場

参勤交代が日本に与えた影響は経済分野だけに留まらない。まず挙げられるのは身分制度に及ぼした影響だ。支配層である武士階級の地位が揺らぎ、町人と呼ばれる、都市に住む庶民階級が社会の実力者として登場したのである。

先に述べたとおり、参勤交代には各藩の財政支出の五十~六十パーセントにもなる莫大な金額が必要で、大名の財政を圧迫していた。この支出は、そのまま商人や労働者の収入につながり、身分制度を揺るがす要因となる。多くの大名は、参勤交代の費用を捻出するために米を担保として大坂などの商人に金を借りて貨幣を用立てるしかなかったが、あまりにも莫大な費用が必要となってくると、借金は返済不能のレベルにまで増え、台所事情の苦しい大名は領地の利権を商人に渡して辛うじて統治権を維持するといった状況に陥る。時間が経てば経つほど、参勤交代にかかる経費は各大名の財政の硬直化と慢性的な赤字体質を招くようになるが、大名が苦しむ分、江戸での消費は拡大し、貨幣は町人層に吸収されていった。

大商人らは蓄積した富をさらなる競争力確保のために新しい知識や技術に投資し、政府を超える、自主的な人材と組織を備えた勢力へと成長していく。権威と伝統に頼って権力の維持にのみ腐心していたそれまでの幕府の支配層とは違い、彼らは外部の事情や変化に敏感で、名分にとらわれない実用的な思考と実行力を備えた変革の旗手であり、のちに近代化の波が押し寄せた時に、日本が効果的に適応するための人的・物的資源の土台となるのであった。

全国ネットワークの構築

最後に、参勤交代は江戸を中心とする全日本ネットワークを構築した。江戸が一種のネットワークのハブとして機能しつつ、全国単位の情報流通システムが構築されたのだ。これは現代におけるインターネットの登場に次ぐ、ハードウェアを超えたソフトウェアの変化、質的な変化の始まりを意味する。江戸に集中した人員、物資、情報が混ざり合い、再加工されて地方に分散した後、地方の独自性と結びついた固有の情報に進化してから再び江戸に流入するというフィードバックが活発に起こり、江戸時代の日本はすでに前近代を脱するレベルの市場と資本の原理が働いていた。

全国を結びつける情報ネットワークの構築によって、全国的にさまざまなものを共有・共感するようになった。江戸初期の日本は、東北地方と九州地方の人どうしでのコミュニケーションが難しいほど異質で、人々は郷土意識が強かったが、後期になるほど地域を越え、次第に日本という国を認識する傾向が強まる。

当時、浮世絵が日本全域に急速に広がって流行したのだが、これは浮世絵が、江戸に集まった地方エリートらによってあらゆる地方へ伝えられたことで起きた現象だった。また日本を代表するイベントである祭りは、地方ごとにそれぞれ異なっていたが、江戸名物の天下祭（将軍が上覧した山王祭や神田祭のことをこう呼ぶ）に影響され、全国的に似たような形の祭りが行われるようにもなった。

参勤交代を通じて中央と地方のエリートが一か所に集まり、長期にわたって政治的・社会的に相互に作用し合う過程で、統合に向かう求心力が強化されていった。「日本」に対する民族意識の強化は、西洋の勢力に浸透され幕府の体制が限界に至った時に、エリート層が単純に幕府支持派と尊皇派に分かれるといったレベルに留まらず、全体としての「日本」の利益を藩の利益より優先して考えるという統合意識の基礎となった。

ヨーロッパのドイツやイタリアが、小国間の利害関係の不一致や周辺の強大国の介入により、統合に多くの時間と国力を消耗した歴史から分かるように、権威の分散した封建体制が近代的な中央集権体制へ移行するというのは簡単なことではない。日本も内紛や武力衝突がなかったわけではないが、比較的少ない費用と犠牲で、廃藩置県などの国家を改造する施策を断行し新体制に移行できた背景には、参勤交代によって根底に形成された国家的あるいは民族的な共同体意識があったと言えよう。

参勤交代は、天下普請とともに日本の近代化の道筋をつけた「神の一手」と言える。これ以上にドラマティックな効果をもたらした政府の政策は、ほかに思いつかない。しかし参勤交代が神の一手となり得たのは、皮肉にも当初よりそのような効果を全く意図していなかったためだ。大名を牽制でき目先の利益を得られる限り、幕府が人的・物的な流通網の形成に積極的な態度を取り、市場形成を放任したことが、日本としては大きな幸運だった。参勤交代による人、物、情報の流通量の増加は、必然的に資本と市場の拡大につながったが、もし幕府がこれに対して積極的に介入していたなら、今日の日本の姿は今と大いに違っていただろう。

政府の放任的な態度により、財貨とサービスが取り引きされる市場形成の経験が蓄積され、民間の経済活動が政治的な既得権によって阻害されたり効率が悪くなったりするのを最小化できたことが、参勤交代という神の一手に隠された意味である。

第4章

味噌で語る政治経済学

この章では、参勤交代と天下普請が日本の社会・経済にどのような影響を及ぼしたのかについて、分かりやすい事例として味噌を取り上げてみよう。味噌は日本人の食生活における必需品だ。身分や地位に関係なくすべての日本人が日常的に消費していた味噌が、江戸時代にどのように発達し、変遷してきたかを調べると、江戸時代の様子が見えてくる。

戦略物資となった味噌

日本で味噌が本格的に製造され始めたのは、中国と朝鮮半島を経由して麹《こうじ》の使用法が伝来した八世紀の奈良時代からだ。その後、味噌は鎌倉と室町時代を経て日本全域に広く普及し、十六世紀の戦国時代に入ってからは製法と物量において画期的な発展を遂げ、日本人がほぼ毎日のように取る国民食となる。

戦国時代を迎えると、常時戦闘態勢にあった大名は、遠征に備える兵糧の確保にも大きな力をさかねばならなかった。主食の米は生米の携行から、のちには生米を蒸して乾かした干し飯が普及した。常温で数か月以上の保存が可能で、お湯をそそげばすぐにご飯のように食べることができる戦闘糧食用の即席飯だ。ただし、これだけで戦うことはできない。ナトリウムなどの必須ミネラルと「味」を提供する副菜も必要になる。このために注目され始めたのが味噌だ。多量の塩を用い、豆または米を原料として発酵させた味噌は、干し飯とセットで味と栄養を備えた最高の戦闘糧食として脚光を浴びるようになる。

食の確保は戦の勝敗を左右するほど重大な課題で、味噌は次第に全国の大名が製造と備蓄に最も力を傾ける戦略物資となっていった。戦国時代に覇権を争った織田信長、豊臣秀吉、徳川家康が、三人とも豆の栽培と味噌の製造が活発だった地域の出身なのは偶然ではないという説もあるほどだ。現代の日本人が最も好む信州味噌も、軍神として崇められる武田信玄がこの時期に基盤を固めたものだと言う。

富国強兵の夢が込められた仙台味噌

味噌が安全保障の次元で扱われていたこの時期に、最も頭角を現したのは仙台味噌だ。仙台藩の初代藩主、伊達政宗（一五六七〜一六三六年）は、仙台藩を全国最強の藩の一つにまで育てた名将である。政宗は藩内の運河を整備して農地を切り開く一方、全国各地から有能な商人、技術者、学者を城下町に集めることによって、経済と文化の繁栄を目指した。彼の有名なエピソードに仙台味噌と関係するものがある。

戦略物資として味噌の重要性に早くから気づいた政宗は、品質、栄養、保存性に優れた味噌の開発に心血をそそぐ。政宗の目標は、城が包囲された時に一〜二年は外部からの補給がなくても城内で自給自足ができ、籠城可能な防御力を持つことだった。政宗はそのために常州真壁郡（現在の茨城県）出身の味噌作りの職人、真壁屋市兵衛を百石の扶持《ふち》で呼び寄せ、味噌作りを依頼する。小さい藩の表高（封土における標準の米の生産量）が一万石からという点を考えると、一介の技術者に百石の扶持というのは破格の待遇であった。

政宗は真壁屋市兵衛を召し抱えた後、城下に「御塩噌蔵《おえんそぐら》」を建てるよう指示する。御塩噌蔵というのは味噌を専門的に生産する工房で、日本初の工業的な味噌の生産施設と称されている。市兵衛は米味噌の醸造に長けた技術者だったが、豆と米を両方とも使う米味噌は、豆の蛋白質と米の炭水化物を同時に摂取でき、戦闘糧食にうってつけだった。市兵衛は米麹を活用して、塩分を高くしても発酵が進む醸造法の開発に成功し、これにより味噌の保存期間が大きく延びた。当時の先端技術を活用し、戦略物資の開発および大量生産に成功したのである。

この仙台味噌が全国的に有名になったのは秀吉の朝鮮出兵の時である、という話がある。朝鮮に侵攻した各藩の軍隊が持ってきた味噌は夏の高温多湿な環境で腐敗してしまったが、政宗の軍隊が所持していた味噌だけは味と栄養がしっかりと保たれ、これを他の軍隊にも分けてやったことで、仙台味噌が一躍全国的に有名になったのだと言う。このようなエピソードは、御塩噌蔵の建設とは時期的に一致せず定説とはされていないが、仙台味噌の戦闘糧食としての優秀さが当時から認められていたことをうかがわせる。

品質と信頼で江戸市場を席巻する

徳川家康が天下を統一して平和な時代が訪れると、仙台味噌は新たな跳躍を遂げる。日本人の食生活は鎌倉時代から一汁一菜が普遍化していたが、汁というのはたいていの場合、味噌汁を指していた。

家康の江戸開発に伴って人口が急増すると、江戸で消費される物の相当部分が外部から調達される依存型経済が発展する。酒や醤油などの歴史と伝統を要する生活必需品や嗜好品は主に近畿地方から流入したが、味噌だけは家康の出身地、三河国（現在の愛知県）で生産された三州味噌が主に入ってきていた。江戸幕府が樹立し、大量に移住してきた人々の中には三河国の出身者が多く、彼らの「故郷の味」である三州味噌が江戸の味噌市場を最初に制圧したのだ。ちなみに三州味噌は、現在の名古屋名物として知られる八丁味噌の原型である。

十八世紀に入って江戸が人口百万の大都市に成長すると、味噌の需要はさらに増える。当時の江戸には、都市の形成過程の特性から女より男のほうがはるかに多く、庶民の家屋である長屋は炊事が制限されていて、食事を買って済ませる人が多かった。味噌汁は手軽な一食として、これ以上ない調味料であり栄養の供給源だった。

武家では徳川家康が楽しんだという五菜三根の味噌汁や、味噌を塗った鰻を焼いて食べる鰻の味噌焼など、味噌を活用した高級料理が流行した。海路と内陸の水路をつなぐ船着き場の近くでは味噌の卸売が繁盛し、江戸のどこへ行っても、味噌を売る小売店や行商がない所はなかった。

仙台味噌の人気は、このような都市化と物資の流通網の発達を背景にしている。三大雄藩の一つであった仙台藩は、江戸に全部で七つの藩邸を持ち、三千人に達する家臣を常駐させていた。江戸で流行っていた三州味噌や甘味噌に満足できなかった仙台藩士は、海路を通じて故郷の味噌を運んで食べ始める。最初は内輪だけで食していたが、消費量が次第に増えてくると今度は江戸に生産工場を設ける。現在の品川区東大井に仙台藩の下屋敷があったが、仙台藩はここに江戸版の御塩噌蔵を建て、仙台から運んできた豆と米で味噌を作り始めたのだ。

東大井は東京湾の入口に近い河岸で、原料を仙台から海路で運び、処理しやすい立地だった。仙台藩が江戸で味噌工場を建設したことは、海運網の発達を背景に、材料の産地と消費市場近くの製造工場をつなぐ、遠隔地での生産体制を構築した初期形態の事例と言える。その場所では、現在も仙台味噌醸造所という名前の会社が、四百年の伝統ある仙台味噌の製造・販売所として営業を続けている。

最初は自分たちで消費し、残った分を一部の問屋に不定期で出荷する程度だったが、優れた品質に、藩の直営施設から出荷されるという付加価値と信頼性が加わって需要が徐々に増え、藩も販売を増大させる努力を始めた。その結果、当時の江戸では味噌と言えば十中八九仙台味噌を指すようになるほど知名度の高さを誇るようになる。

仙台味噌が江戸の味噌市場を席巻できたのは大きく分けて三つの理由がある。一つ目は、甘みの少ない淡泊さが、当時、江戸の人口の相当数を占めていた関東や東北地方出身者の好みによく合ったこと。二つ目は、御塩噌蔵を作ってから蓄積してきた技術を土台にして高品質の味噌を安定して出荷できたこと。三つ目は、江戸と比較的近い東北地方の原料を海路により短期間で運び込めたため、材料の確保と価格競争の面で優位に立てたこと、である。現代の経済論理に照らし合わせてみても、成功要因というのはさほど異ならない。

新時代のナンバーワン味噌の座は？

明治維新で藩が廃止され、東大井の味噌工場は仙台藩主から仙台の豪商、八木一族に引き継がれ民営化される。それ以前から、一八五四年に創業した佐々重を始めとするそのほかの民間業者も、宮城県と江戸一帯に工場を設立して味噌市場に参入していた。本格的な近代化の推進により産業化が進み、新技術が次々と導入される時代であった。時代の変化に、より敏感に対処できているかが成否を左右する時代となったが、それは味噌市場も例外ではなかった。

一九一五年、陸軍糧秣本廠所属の河村五郎が速醸法を開発する。加熱と冷却など科学的な温度調節で麹菌の活性化をコントロールし、味噌の醸造期間を一年から数か月に短縮させることで、物量とコスト面で生産性を飛躍的に高められる新技術だった。この技術は仙台味噌の醸造法と似ている面があり、仙台味噌の製造企業によって積極的に採用される。「早づくりの仙台味噌」という意味で「早仙」と呼ばれた廉価な仙台味噌が市場に大量に供給され始めると、仙台味噌は関東と東北の市場を席巻し全国的に普及していく。一歩先を行く新技術の採用が、走る馬の背中に翼をつけたのだ。

しかし永遠と思われた仙台味噌の独走も一瞬にして危機を迎えることになる。そのきっかけとなったのは、一九四四年に長野県出身の味噌製造業者、中田栄造が保温の方法をさらに発展させ、わずか一か月で出荷が可能な新技術を開発したことである。この工法は、以前から郷土味噌として独自の需要を持つ信州味噌の生産に適用された。終戦後の深刻な物資不足に苦しむ中、最も速く、安く味噌を供給できた信州味噌は、あっという間に全国の市場占有率を三十パーセントにまで引き上げ、急速に市場に食い込んだのである。

価格競争力で劣勢となった仙台味噌は、なすすべもなかった。その後、物資不足が解消し経済復興の時期が訪れたが、いったん信州味噌に慣れた日本人の好みは変わることなく、信州味噌は全国占有率の四十パーセントを占めるナンバーワン味噌の座に上り詰める。新技術に遅れをとった仙台味噌は、変わらず三大味噌の一つに選ばれてはいたものの、名古屋の八丁味噌に二位の座を明け渡すなど、味噌の代名詞として絶対的な知名度と人気を持つ頃の状況にははるかにおよばなかった。

競争と自律性が花開かせた味噌文化

日本の近世期における「味噌の政治経済学」のキーワードは競争と自律性だ。藩と藩が互いに競争し、各藩は幕府に対して一定の義務だけを負えば相当な自治権を行使することができた。この中央集権と地方分権という独特の二重構造の下で、各地方がそれぞれのやり方で激しく競争を繰り広げ、成長したのが日本の味噌文化である。

アーノルド・J・トインビーは人類文明の栄枯盛衰を挑戦と応戦の理論で説明している。味噌の例のように日本では、戦国時代から近世に至る時期に、領土と市場をターゲットとする競争本位の環境下で、挑戦と応戦の反復を通じて変化と発展が達成されるという社会的な躍動性が垣間見られる。

この時期に培養され、身に染みついた競争原理についての理解、実用主義的な現実感覚、変化に対する感受性、新技術への受容性などは、今でも日本社会に脈々と息づいており、日本経済の競争力を担保する社会心理的な礎となっている。

第5章
旅行天国の時代

「かわいい子には旅をさせよ」という諺がある。旅行が単なる余暇を超えた、見識を広げる大切な経験のチャンスであることは、たとえこの諺がなかったとしても誰もがよく分かっていることと思う。

前近代と近代を区分する最もはっきりした違いの一つは移動の自由であろう。現代人にとって行きたい所へ行くのは当然の権利だが、前近代の普通の人々にとっては、生まれた所から十里すら越えられず人生を終えるのが一般的だった。近代化に目覚めたヨーロッパでも、旅行が大衆化したのは十九世紀以降のことである。鉄道の交通網が整備されてようやく、家から離れて他の地域を旅行する社会文化的な現象が広がり始めた。

特異なことに日本は、江戸時代中期から一般の庶民層の間まで相当なレベルで旅行が大衆化していた。西欧と比べても、なんと百年も先んじている。近世初期から独特の宗教・社会・文化的環境の中で構築された旅行システムは、日本の近代化において大きな意味を持つ。旅行とは本質的に人的な移動と交流を意味するが、これを情報の流通という側面から見ると、物の移動よりはるかに大きな波及効果を生むからだ。

旅行が大衆化するためには、物質的・社会的条件が満たされていなければならない。移動に必要な交通網、宿泊施設、治安の良さ、行ってみたいと思わせる名所・名物・遊びなどがなければならず、また何よりも、一時的であれ労働から離れることのできる余暇時間と移動の自由が許されていなければならない。日本は前近代社会にもかかわらず、こうした旅行の大衆化に必要な条件が満たされており、制約がなくなっていた。日本は十八世紀半ばにはすでに年間百万人を超す旅行客が全国を歩き回る、世界最高の旅行天国だったのだ。

日本を旅行する韓国人は、美しい自然、充実した施設、名所、おいしい食べ物、きめの細かいサービスなどに満足する。日本を旅行する時に抱くこのような好感は、韓国人だけではなく全世界の人に共通している。旅行に適した国という日本の姿はひと晩にして完成したわけではなく、日本の旅行システムには三百年を超える蓄積があるのだ。

一生に一度はお伊勢参り……

江戸時代、日本人の旅行熱を呼び起こしたのは、いわゆる社寺参詣という宗教的動機であった。西洋の巡礼とも類似している。特に日本建国神話の象徴である伊勢神宮の参拝がその中心にあった。中世以前は皇族または貴族だけに許されていた、信仰の本山である伊勢神宮の参拝、巡礼だが、江戸幕府が成立し平和と繁栄の時代が到来したのと同時に、このような欲求が庶民層にまで波のように広がったのである。庶民の間に「一生に一度はお伊勢参り」という言葉が生まれるほど、伊勢神宮への参拝は日本人にとって一生の目標となった。

江戸時代初期までは、庶民、特に農民は移動の自由が厳格に制限されており、軍事目的や僧侶などの特殊身分でなければ藩の境界を越えることは許されず、移動できたとしても安全は保障されなかった。

十七世紀後半になってから、移動の自由の制限が少しずつ緩和され、通行手形の発給を受けて合法的に移動する人間が増え始める。通行手形は、江戸時代初期までは発行が厳格に制限されていたが、日本の先祖神を祀る伊勢神宮への参拝という目的は、証書を得る名分としては非常に有効だった。

人々が伊勢参りを強く望んでいるということならば、幕府と各藩も民心を無視することはできず、政治的な安定と行政力の確立を背景に、次第に伊勢参りのための旅行に寛大な措置を取るようになる。江戸時代中期以降は、庶民も一定の資格要件を備えれば、特に問題なく通行手形が発給され、合法的に旅行することが可能になった。

すべての道は江戸に通ず

移動が許されたからといって旅行者数がすぐに増加するわけではない。関連するインフラが整ってようやく旅行は活性化する。江戸時代の旅行の大衆化に大きく寄与したのは、参勤交代に伴う道路網の整備だ。「すべての道は江戸に通ず」という言葉が生まれるほど、江戸と主な地方をつなぐ幹線道路たる五街道の整備が進み、交通の血脈の役割を果たした。伊勢神宮を参拝する時に利用される東海道は、大名が参勤交代で最も多く通行するため、各藩から東海道までをつなぐ地方の道路も整備されていく。また街道に沿って造成された宿場町は、旅行客の移動の利便性を大きく高めた。

どれほどたくさんの人が移動したら、江戸時代を旅行天国と呼べるのか？　一六九〇年から三年間、オランダ東インド会社の医師として長崎の出島商館に駐在したエンゲルベルト・ケンペルが自身の江戸旅行の経験を記録した『江戸参府旅行日記』には、次のような一節がある。

「この国の街道には毎日、信じられないほどの数の人がいて、旅行客の多い季節には人口が多いヨーロッパの都市と同じくらい人々が道にあふれ出ている。私は七つの主な街道のうち最も大きい東海道を四度も往復した。（人々がこのようにたくさん歩いている）理由の一つはこの国の人口が多いということ、それから他国の国民とは違って非常によく旅行をするということだ。（中略）『伊勢参り』に出かける人々は、定められた街道の一定区間を利用しなければならない。この参拝旅行は特に春に集中しており、その時期になると街道は参拝旅行の客でいっぱいである。年齢や身分、性別を問わず、信仰やその他の理由で、大変な数の人が旅行に出る」

ヨーロッパ人の目に映る日本は、ヨーロッパを超える旅行天国だったのだ。日本のある学者が、ケンペルが東海道の姿を記録した一八世紀初期に実際に東海道を利用した人数の規模を推定したことがあるが、驚くべき結果が出ている。東海道の途中にある浜名湖には橋がなかったため、すべての通行人は船を利用しなければならなかった。政府の許可を受け運行していた渡河船の運行日誌を見ると、一七〇二年には四万四千七百回ほど往復したと記録されている。一回当たり約二十人を運んだと仮定し、そこに迂回の陸路を利用した人と、専用の船を利用した大名の参勤交代の人員を加えると、年間百万を超える人が東海道を利用したと推算される。当時の日本の人口が三千万人を少し上回るぐらいだったことを考えると、すさまじい数の人間が東海道を利用していたことがわかる。

伊勢神宮の訪問記録もこのような数字を裏付ける。一七一八年の伊勢神宮から幕府への報告には、その年の一月から四月中旬までに四十二万七千人が伊勢神宮を参拝したと記録されている。多くの農民が農閑期に旅をするという事情を考慮に入れても、毎年少なくとも五十万以上の参拝客が伊勢神宮を訪れたと見られる。今の時代に韓国を訪問する日本人が年間二百五十万人前後であることを考えると、三百年前に五十万という伊勢神宮の参拝客数は実に驚異的と言わざるを得ない。

江戸時代のツアー、旅館、遊郭

伊勢参りは時間が経つにつれて徐々に宗教的な意味合いが薄れ、遊びと観光目的に変質していく。ひとたび旅に出てみたところ、遊ぶ人《ホモ・ルーデンス》としての本能が目覚めたというわけだ。このような変質は、庶民による伊勢参りの旅行日程の変化からも分かる。初期の頃は伊勢神宮だけに行く伊勢往復型だった日程が、次第に名所周遊型に変わっていったのだ。伊勢神宮以外に、有名な温泉や遺跡、名勝地、江戸、大坂、京都などの大都市を日程に含めた五十〜七十日の長期ツアーが盛んになった。

当時の東北地方の人による参拝旅行の記録を見ると、伊勢神宮の参拝をした後、奈良、飛鳥、京都、大坂など近畿一帯の名所を回り、戻る時に江戸に立ち寄ってからようやく故郷へ戻るという、三〜六か月の長期旅行が珍しくなかったことが分かる。現代人にとってもほとんど夢の世界である長期旅行を、江戸の庶民は実行に移していたのだ。

いったん旅行の大衆化が始まると、インフラ・制度・モノ・慣習が旅行に適した形に進化し、このような変化が再び社会全般で旅行をさらに促進させるという好循環が起こる。

いくつかの事例を紹介すると、まず旅費を用意するための講《こう》の流行が挙げられる。講というのはもともと宗教的な教義や信念を同じくする人々が祈祷や講読の会などをしながら、一定の金額を相互扶助の目的で積み立てる集まりだ。

伊勢参りが流行し、多くの「伊勢講」が地域の共同体単位で生まれた。積立金を集め、抽選や投票を通じて伊勢参りに行く者を選び、費用の問題を解消しつつ、旅行で得られた体験を記録し共有した。当時の旅行は、個々の自己実現以上に、集団記憶の生成と共同体の絆を深める意味があったのだ。このような日本人の旅行に対する認識は脈々と受け継がれており、今でも様々な勉強会や趣味の集まり、同好会でお金を積み立て、団体旅行を楽しむ文化が発達している。

韓国人が日本で感嘆の声を上げる旅館の文化も、この頃から芽生え始める。初期の形態は木銭宿という自炊型の宿泊施設だ。寝床と燃料が提供される簡易の宿泊施設で、旅行客は食材を自ら携行した。しかし旅行客が食材を常に持ち歩くのは難しく、米と簡単な食事を提供する形式の宿泊施設が増えていった。

これが一八世紀初期に入ると、旅籠《はたご》へと進化する。旅籠というのは、食べ物と寝る場所を提供する本格的な宿泊施設だ。次第に旅籠どうしで競争が生まれ、より高級化した、特色あるロケーション、食べ物、施設、サービスなどを売りにした旅館が登場する。このような長い歴史の蓄積の中から生まれた旅館は、日本的な情緒を感じさせる独創性やアイデンティティーが際立つ宿泊文化として、世界中の人々に愛されている。

有名な寺社の中には、自主的に宿坊と呼ばれる宿泊施設を建設した所もある。数多くの参拝客が集まる伊勢神宮の場合は、外宮の近くになんと宿坊が六百軒を超す町が造成された。宿坊での宿泊を始めとし、参拝、記念品の購入、周辺の名所や余興などを案内、斡旋する人を御師《おし》と言うが、伊勢神宮の御師は差別化を図るために特に御師《おんし》と呼んだ。彼らは寺社の案内書を持って全国を歩き回りながら参拝客を募集したりもした。現代ならパッケージツアーのプランナーであり旅行ガイドに当たるが、日本の専門旅行業は御師の存在と活動にそのルーツがある。旅行産業の根源がどの国よりも深いのが日本なのだ。

参拝客が多い有名な寺社の周辺には門前町という遊興街ができた。門前町には私設の宿泊施設と共に、演劇、歌劇、技芸などの公演が行われる劇場や記念品の販売店、飲食店、遊郭などが密集しているが、現代のラスベガスをイメージすればいいだろう。参拝より観光がさらに大きな目的になる中で、門前町は繁栄の一途をたどる。

女性には移動の制約があったため、男性が主であった参拝旅行客は、参拝前まではそれなりに敬虔な態度を保ち、参拝が終わると「精進落とし」と言って門前町に行き、日常からの解放感を楽しみ世俗的な快楽を追求した。特に遊郭が繁盛し、伊勢神宮の周辺に造成された門前町の古市は、江戸の吉原、京都の島原とともに三大遊郭密集地域と言われるほどであった。全盛期の古市には遊郭が七十か所余り、女性の従事者数が千人を超えていたと言う。

記念品の販売店は大きな収益を上げて商業資本化し、土産品市場の形成により工芸・食品などの地域産業が発展した。歓楽街の繁栄は、自然と黒い金の流通と治安維持の必要性を招く。賭博などの不法な遊技業、遊郭経営、高利貸金業、自警団の役割を自任することなどで利権をかすめ取る裏稼業が生まれた。ヤクザと呼ばれる暴力組織は、この時期のこのような徒党が起源となっている。

参拝旅行が大衆化して旅行のハイライトになったのは、何と言っても都市への訪問だった。現代人は都市生活に嫌気が差して自然のある田舎やリゾート地に向かうが、田舎に住むことの多かった江戸時代の庶民にとっては、江戸、大坂、京都などの都市文化を体験することこそ、夢にまで見る一生に一度の願いだった。

　百万人の人口を誇る超巨大都市、江戸は、文化、芸術、娯楽、遊興すべての面において、日本の政治的安定と経済的繁栄を感じさせるのに充分であり、物であふれる商業都市、大坂は山海の珍味を楽しめるグルメと特有の活気で旅行客を魅了し、歴史の香りを感じられる千年の古都、京都はきらびやかな遺物や遺跡を通じて日本人としてのアイデンティティーとプライドを高揚させ、それぞれ旅行の必須コースとなった。今でもこの三都市は、日本旅行のメッカとして世界中の旅行客を惹きつけている。

時代の先を行く「観光」の誕生

　江戸時代における旅行の大衆化を研究している韓国の学者がよく見落とすポイントがある。それは旅行と観光を区別しないで使うことだ。厳密に言えば、旅行と観光は同じ概念ではない。観光という言葉は、中国の古典『易経』に出てくる「観国之光」から来ている。『易経』（五経の一つで占いのための書）の観卦の爻辞に「観国之光　利用賓于王」という一節があるが、「国の光を観る　もって王に賓《ひん》たるに利《よろ》し」という意味である。江戸時代に入って、統治哲学として朱子学が重視されるようになり、徳治の経典として『易経』を研究し解釈する学問が盛んになったが、この頃に儒学者の注目を浴びたのが「観国之光」であった。日本の儒学者は観国之光すなわち観光を「国の光を観察することが、すなわち君主の徳を近くに感じ称揚すること」という意味に解釈した。

東洋の儒教的な伝統において「光」は、光る文化、伝統、君主が備える徳で成り立つ「国のきらびやかさと偉大さ」を意味する。日本の統治からの解放を光復と称するのも、香港が日本の占領から抜け出した日を重光紀念日とするのも、このような理由から来ている。日本では江戸時代初期に、君主の徳を称揚するという意味を込めて建物や学校の名前などに観光という言葉を用いていたが、中期に入ると参拝旅行の拡散と相まって観光は「各地の光る名物、名所、伝統などを求めて観察すること」という意味として通用するようになる。

単語の由来から分かるように、観光は単純な遊戯活動としての旅行でも見物でもない。観光は、国の威容と偉大さを象徴する輝かしい誇りを実際に見て体験することによって、畏敬心、帰属意識、忠誠心を高めるという意味を持つ。このような観光の意味合いは、現代国家でも見られる普遍的な現象だ。過去の栄華を象徴する遺跡、国力を象徴する巨大な構造物、文化の優秀性を示唆する博物館や美術館、天恵である自然環境などが主な観光の対象になるのと同じ論理である。学生向けの修学旅行がほぼ例外なく、このような意味づけから企画されるのも同様だ。

こうした観光の意味合いが日本では他のどの国よりも先に発現し、それが近代の時期に統治基盤の強化と統合意識の育成につながっていったという点で、単純な旅行天国に留まらず観光を通じて国家発展の土台を作った「観光立国」と言えよう。旅行と観光という例外的な移動の自由を通して、外部世界に対する探求欲、向上心、統合意識という近代性の萌芽が現れたわけだが、これは日本の近世を西欧的な封建時代と区別する特徴の一つである。

第6章
出版文化と「ポルノ」「版権」「レンタル」

十八世紀の英国の啓蒙的エッセイスト、ジョセフ・アディソンは「読書と心の関係は運動と身体の関係に等しい」という言葉を残した。安重根《アン・ジュングン》義士（伊藤博文を暗殺した人物。韓国では英雄視されている）は「一日でも読書を怠ければ口の中に棘が刺さる（読書の大切さを説いた言葉）」と言った。読書を通じて培われる思考能力と読書習慣の重要性を伝える言葉である。本をそばに置く民族とそうでない民族の集団知性の差は大きいだろう。国民の読書習慣は、その国の知的力量を測る物差しになる。

日本は読書熱の高いことで有名な国だ。最近は携帯電話の普及ゆえ以前ほどではないにしても、少し前までは日本人が（マンガなり週刊誌なり）本を手にして読書にふけっている地下鉄内の様子が韓国社会でもよく言われていた。出版文化の発達はもっと見事で、韓国の本のマニアは東京の書店街、神保町に行くと、俗っぽい言い方だが、よだれをじゅるりと垂らしもする。

日本の高い読書熱と出版文化は、元をたどると三百年を遡る。本を「文字化またはイメージ化された情報の塊の流通媒体」と定義すると、江戸時代は本隆盛の時代であった。橋口侯之介という研究者の分析によると、江戸時代に少なくとも十万種以上の新刊書籍が出版されていたと言う。実は十六世紀まで日本の出版文化はヨーロッパ、中国はもちろん朝鮮と比べても後れを取っていた。しかし戦乱の時代が終わって平和の時代が到来すると状況は一転し、十七世紀以降に日本の出版文化は大変な勢いで成長を遂げる。十七世紀も中盤になると二百余りの出版業者が競争を繰り広げ、十八世紀中盤には年間で約千冊の新刊が書店に並び、十九世紀に入ると、ほとんどの国民が本を日常生活の必需品とするほどの出版大国になった。前近代の社会にもかかわらず、どうしたらこのような奇跡とも呼ぶべき変化が可能だったのだろうか？　その秘密は「ポルノ」「版権」「レンタル業」に隠されている。

出版革命の始まりはポルノ

戦乱の時代が終わって平和と繁栄の時代が訪れると、支配層の知識、教養に対する欲求が高まる。十六世紀末までに朝鮮半島あるいはヨーロッパの宣教師を通じて入ってきた活版印刷の技術も、日本人の知的欲求を刺激した。しかし活版印刷は経済的にも技術的にも商用化に難しさがあり、江戸の人々は木版印刷に再び注目し、技術をブラッシュアップさせて本を大量生産し、流通体系を整えていく。

江戸時代初期、十七世紀までは出版の中心地は京都であった。本屋あるいは書林と呼ばれる京都の出版業者らが、官や寺院と関わりながら仏書、漢書、歴史書、医書などの古典または教養書（これを「物之本《もののほん》」と言う）を刊行していた。難しくてつまらない本は上流支配層の専有物だったのだが、十七世紀末に革命的な大転換期が訪れる。一六八二年に大坂で発刊された井原西鶴の『好色一代男』という娯楽小説が前代未聞のヒットを飛ばしたのだ。

タイトルからも分かるように『好色一代男』は、世之介という男性主人公の七歳から六十歳までの五十四年間にわたる波瀾万丈なセックスライフを扱った小説である。主人公の世之介は七歳の時の初体験以降、全国を放浪しながら肉体的快楽に溺れるが、時には親戚の女、時には遊郭の女、時には人妻、さらには美少年まで、相手を選ばずだらだらと性関係を結ぶ。それぞれのエピソードが短編で綴られるオムニバス形式で構成された八巻八冊には、一人の好色な男の一生にわたる「セックス・ファンタジー・アドベンチャー・ロマン」が盛り込まれている。世之介が関係を結んだ相手はなんと女性三千七百四十二人、男性七百二十五人と書かれている（江戸中期までは男色が珍しくなかった）。

『好色一代男』は性的好奇心を刺激するエピソードだけでなく、現代の学者が絶賛するほど、品格あるポルノグラフィーとしての官能美や描写、隠喩が絶妙で、各地域の風情や庶民の喜怒哀楽、生活の様子が当時の言葉で生き生きと描かれており、文学作品としての価値も高いと言う。井原が自ら描いたという挿絵は、文字に視覚的効果を加えて読者の理解を助け、興味を引いた。この作品は「面白い読み物」の典型として後代の作品に影響を及ぼす。

日本全域に『好色一代男』旋風が巻き起こり、文字を読める人は本を読み、文字が読めない人は読める人に口伝えを頼んだり、絵を見て惜しむ気持ちをなだめたりした。販売部数に関する正確な記録はないが、印刷の基本になる版木がオリジナルのほかに五種も追加で製作されたことは、人気の高さと販売量の多さを裏付ける。

『好色一代男』のヒットをきっかけに、日本社会は本の大衆消費市場の可能性に気づく。その後、面白さを売りにした娯楽書籍（これを「草紙」と言う）のブームが起き、既存の「物之本」とは全く異なる大衆出版物の市場が形成されていった。ポルノがインターネットの普及に貢献したという説がある。ポルノサイトに接続しようと我も我もとインターネットサービスに加入し始めたということだ。これが正しい分析かどうか分からないが、日本の出版の歴史に『好色一代男』が及ぼした影響を考えると、ただの冗談話で済ませられないかもしれない。

超ベストセラーの登場

『好色一代男』の後に草双紙というジャンルが流行する。草双紙とは、江戸中期の十八世紀中盤から江戸末期の十九世紀初期までの間に、江戸を中心に出版された大衆向け娯楽書籍の通称で、絵と文字を同じ版木に彫って印刷することによって視覚的効果を持たせた「軽い読み物」風の本である。これが今日の漫画の源流だという見方もある。

江戸で出版ブームが起き、現代なら百万部以上売れる超ベストセラーに該当する本が次々に登場する。代表的なものをいくつか紹介すると、まず『南総里見八犬伝』という長編小説（当時は小説という言葉はなかったが）だ。著者の曲亭馬琴が一八一四年から一八四二年までの二十八年で、合計百六冊を執筆した執念のライフ・ワークとして有名なこの作品は、戦国時代の日本を背景に勧善懲悪、因果応報をテーマにした創作ファンタジーである。

この作品をモチーフにした漫画や映画が現代でもリメイクされるほどで、大衆文学の枠組みを変えた、近世における小説のマイルストーンのような存在だ。

十返舎一九が書いた『東海道中膝栗毛』（一八〇二～〇九年）は、江戸時代の旅行・観光ブームの起爆剤となる記念碑的な作品である。江戸に住む平凡な中年男性と青年がコンビを組み、伊勢参りの旅に出る物語をコミカルに描写したこの作品は、当初は初編と続編の二編で終わる予定だったが、想像を超える大ヒットのおかげで、伊勢を過ぎ大坂まで旅を続ける八編まで延びた。八編で一段落するはずが、読者の熱い声援を受け、東海道を抜け出し日本各地を旅する物語『続膝栗毛』が追加で（一八一〇～二二年）出版される。途中で作家がネタ切れで何度もやめようとしたものの、どうか連載を続けてほしいという読者の強い願いにより執筆を継続したそうだ。

日本各地の名物や風俗、人情をコミカルなタッチで描いた江戸紀行文学の傑作は、読者とともに生き、二十年以上の歳月が流れてようやく大団円の幕を下ろすことができた。一説によれば、これ以上は印刷ができないぐらい元の版木がすり減ってしまい、版木を再度製作する必要があったほどで、またパロディーや複製版が多数製作され、三万冊以上という当時としては驚異的な売れ行きを見せた。

それまで小難しくて面白みのない存在だった本がエンターテインメント商品となり、本の概念が変わると、発達した商業資本と流通網の存在を背景に商業出版の市場は恐ろしいほどの速さで成長する。十八世紀末になると、人口百万人の政治経済の中心地、江戸に出版業者が集まってき

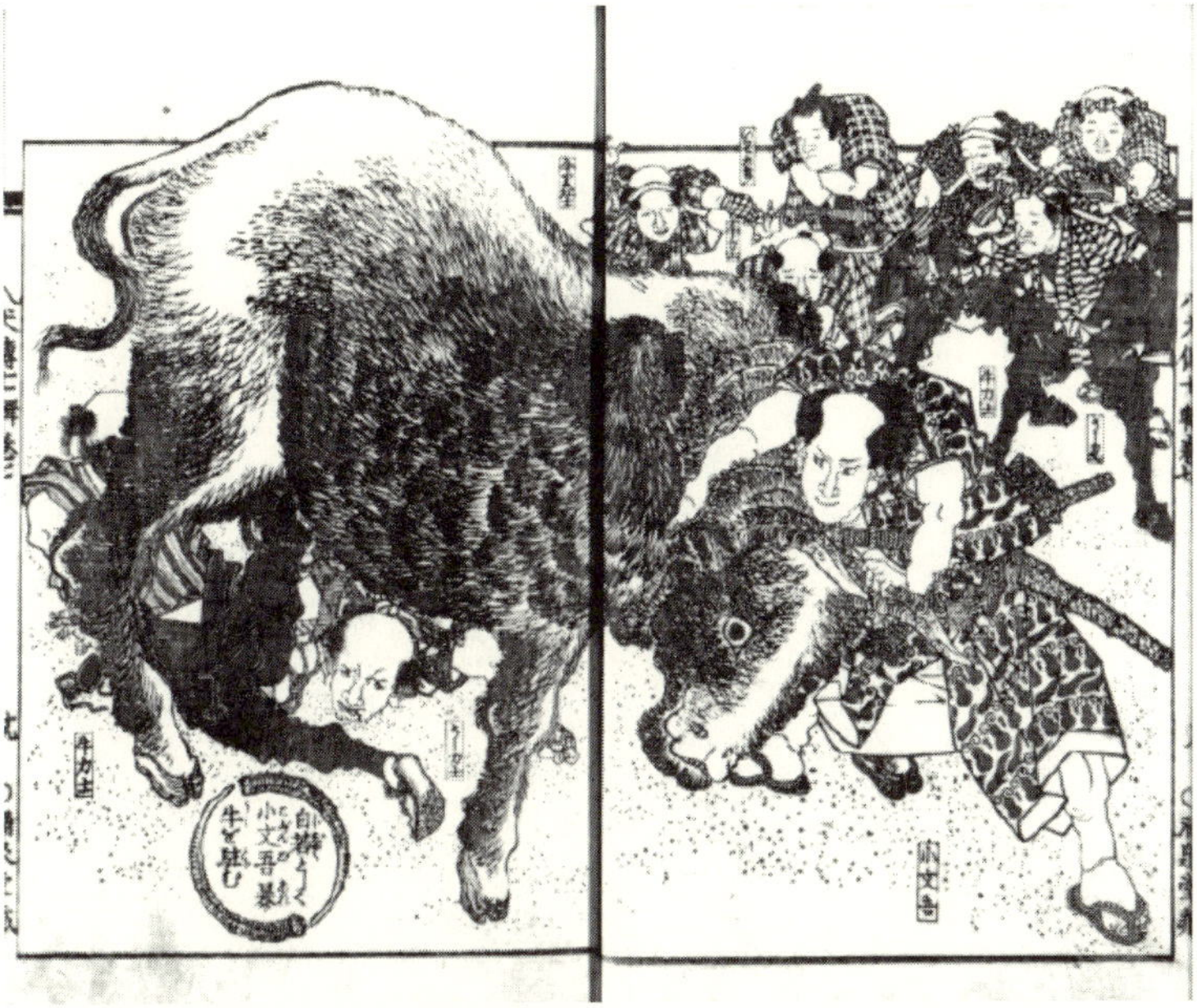

上：『南総里見八犬伝』第七輯巻之七（1830年）の一場面。江戸後期における小説のマイルストーンのような存在だ
下：江戸時代最大のベストセラーとなった十返舎一九の『東海道中膝栗毛』

て、年間数百種の新刊を発行するという本格的な商業出版の時代が始まる。草双紙、浮世絵などの画集類や本格的な物語「読本《よみほん》」などが大きな人気を集めるようになるにつれ、江戸は京都を抜いて最大の出版市場として飛躍を遂げる。江戸の出版市場では娯楽物、実用書、旅行ガイドブックなど様々なジャンルが開拓され、出版社の依頼を受けて専門的に取材をし、文を書いて絵を描く「専業作家」が職業として登場するなど、現代の出版市場を連想させるほどのビジネス体制が構築される。

儒教の教典がベストセラー

読み物が多くなると、社会全般に文字を習おうという動機が強まる。寺子屋は文字を習おうと考える庶民でいっぱいとなり、寺子屋で教えることで生計を立てる平民の知識人層が台頭する。公的な教育機関である藩校とは異なり、寺子屋では身分で隔てられることなく教育を受けられた。読み書きなどの基礎、算数、算盤などの実用的な技術、そして四書五経のような簡単な儒教の経典などに関する知識が、寺子屋を通じて庶民の社会に幅広く普及する。

本を読むことが習慣になると、当然ながら知的欲求が刺激され読書のレベルが上がっていく。町人階層の経済力が高まり、町人文化が発達するにつれ、庶民も単なる面白さだけではなく、常識、教養、そして教育を通じての「暮らしの向上」を追求するようになっていく。

ある西洋の宣教師が「この国は、田舎の幼い娘も文字を読み、書くことができる」という驚きを記録に残すほど、全国民の識字率が高かった十九世紀初期、当代屈指のナンバーワン・ベストセラーは驚くなかれ、『経典余師《けいてんよし》』という儒教経典の解説書であった。渓百年という流浪の儒学者が記したとされるこの本は、四書五経などの儒教の経典にひらがなでルビをふり著者の注釈をつけた、いわば初級の儒教経典の解説書である。

日本は基本的に武家中心の身分社会だったが、十八世紀末以降になると、各藩どうしで争って優秀な人材を抜擢するために、平民の階層にも官職の門戸を開放する身分制度の緩和の時期を迎える。このことにより、十八世紀末になると町人階層でも官職登用の夢を抱いて統治理念である儒教経典を勉強する人々が増え、さらに十九世紀に入ると儒教経典に関する知識は「知らないと恥ずかしい」一般教養として位置づけられるようになる。このような世相の中、儒教経典を独学で学ぶためのガイドの役割を果たす『経典余師』が爆発的な人気を得たのだ。

儒教の理念は、あらゆる民に「礼」を伝え、彼らが人生で「礼」を具現することだと言う。そのために統治者は徳治を施し法治も行う。そのような面から考えると、儒教国家を完成させたのは日本だと言えそうなぐらい、江戸末期の日本では基層の民が読書を通じて儒教の理念を習得し日常生活で体現しようとしていた。もしも孔子が十九世紀始めに蘇って韓・中・日を見て回ったならば、最も礼が高められた国として日本を挙げたかもしれない。

「版権」の誕生

ある学者は、十八世紀初頭、アン女王の時代に英国が「著作権」の概念を法制化したことが、英国が産業革命を先導できた最大の原動力だったと分析している。知識の財産的価値とその私有化を法的に認めたことが、経済主体に動機を与え経済発展を促進したというわけだ。出版物の権利は著作権と版権で構成されており、特別な場合を除き権利の中心となるのは版権である。日本は不思議なことに、このような西欧の近代法制が導入される前にもかかわらず、版権に関する規範が自然発生的に形成されていった。

江戸時代に出版業の中心となったのは版元である。版元は版の権利を持っている者という意味だ。木版は製作するのに熟練の技術者が多くの時間と手間をかけねばならないという不便さがある半面、一度作ればすり減って使えなくなるまでは何百年でも本を印刷することができるという長所がある。

江戸時代の出版業者にとっては、商品性の高い本の版木をたくさん確保することが非常に重要であった。当時、出版は原稿料を除いても、版木の製作だけで現在のお金で数百万円にもなる資本を投下しなければならないリスクの大きい投資で、損益分岐点を超すためには千部以上売れなければならないが、これは容易なことではなかった（江戸時代の出版業者は「千部振舞《せんぶぶるまい》」と言って、千部売れたらお祝いをしたと言う。当時の庶民の所得からすると本は非常に高価で、それなりの本だと

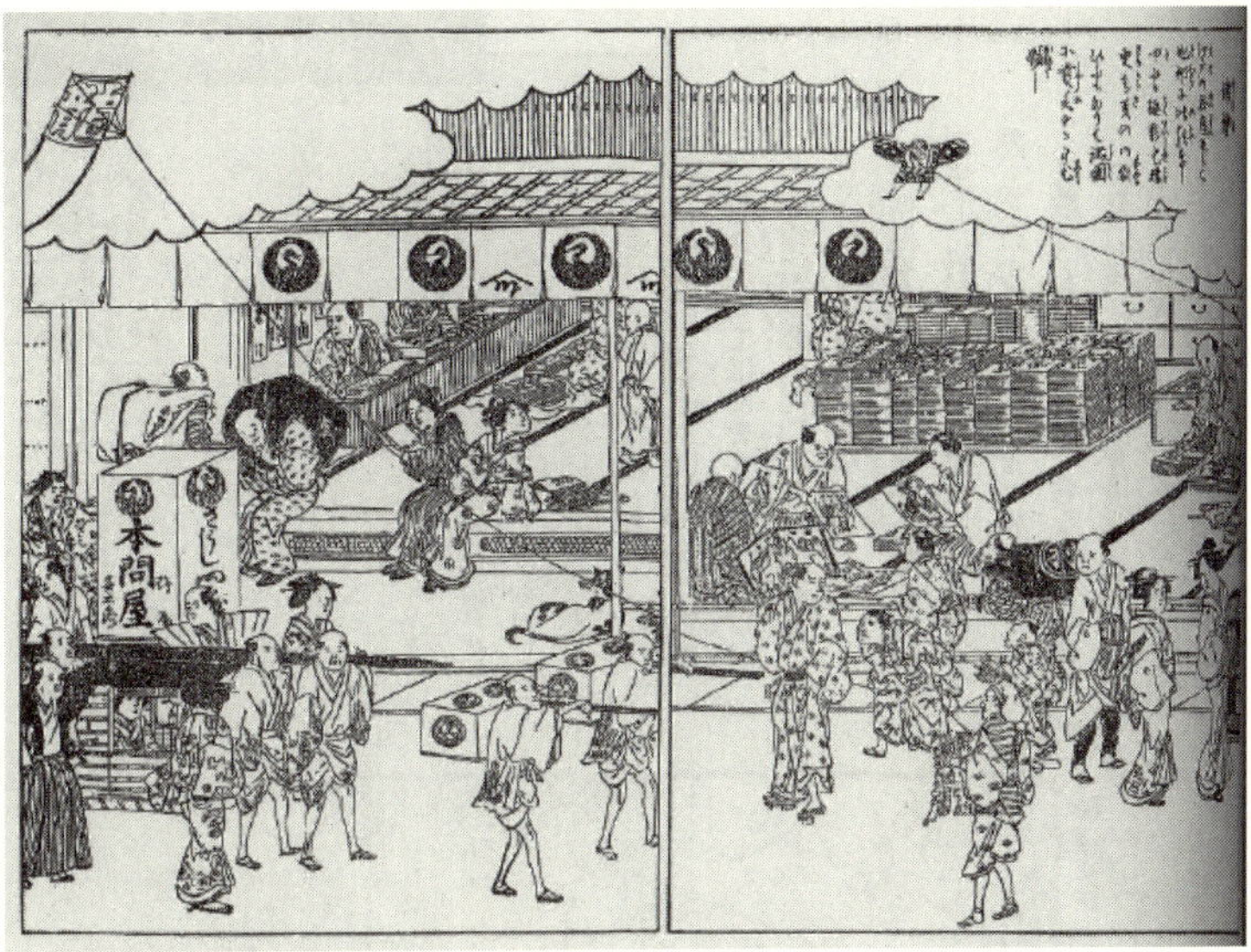

地本問屋《じほんどいや》。江戸で出版される大衆書籍を作って販売する業者

現在の価値で七～八千円以上になるため、千部は決して少ない販売部数ではない)。業者はリスクを減らすために、同業者で「仲間」(同業者組合)を構成し、共同で出資することがよくあった。

　版木は出版業者の生命線とも言える重要な財産となり、版木の所有および利用の権利の規範として版権の概念ができあがる。

　版権は出版業者による所有・譲渡が可能な財産と認定され、株式のように所有権を分割することも可能だった。当時、出版業者は対官業務、自主規制、権益保護のために自主的に組合を作っていたが、所属する組合員が新規に版木を製作する際に原簿を作って版権に関連する事項を組合に登録すれば、排他的な所有権が認められた。

　この原簿をもとに所有権の移転、分割な

どの変動事項を改訂することで、版権を財産としてきちんと機能させるための法的な安定装置が用意されたのである。

版木の財産的価値としての特徴は、物理的な対象物としてよりも出版を通して期待できる派生利益を重視しているという点だ。似たような内容の版木が版権所有者の許諾なく製作されたり、海賊版が出回ったりするならば版権を所有する意味がない。そのため江戸の出版組合は、重版または類版などの複製版の製作と出版を規制した。自主的な登録申請の段階で内容を確認し、重版または類版に該当する場合は登録を拒否し、市場に出回る海賊版は自分たちで回収したり、官庁に申告して取り締まりを依頼したりした。初期形態の知的財産権保護の概念が自然発生的に生まれ、業者の共通利益と市場秩序の維持のために官民の協力体制ができたことは、江戸時代の資本主義が発達する様子を教えてくれる事例と言える。

貸本業の登場と共有経済

出版が市場として成立するためには、供給者と消費者を結びつける流通が重要になる。基本的に物之本を取り扱う本屋、娯楽物などを取り扱う草紙屋が供給者だ。京都、江戸、大坂そして名古屋の四大都市に拠点を置くメジャーな出版業者は、本社としての本屋を設け、卸売りまたは小売で書籍を販売する。特に本屋は「書肆《しょし》」と言って、出版社、印刷所、書店の一貫供給体制を整えた出版プロデューサーとして、出版業界の中で最も重要な役割を果たしていた。四大拠点以外の地方都市では、メジャー出版業者と「仲間」関係にある地域の書店が、一種の総販売代理店として本を持ってきて販売した。これらを通じて、出版の全国的な流通網が形成されていく。

当時の出版では、作家が清刷りという原稿を作成すると、板刻の専門家である彫師、印刷の専門家である刷師などの職人が製版、印刷、製本などを行っていた。前述したとおり、このような作業には相当の初期投資が必要になるが、問題は、当時の本は庶民が購入するには非常に高価だったため、どんなに人気のある本でも販売量を増やすには限界があったという点だ。供給側の出版業者がリスク軽減のために考案したのが「共同出資と版権の分割」方式なら、需要の側面から、安定的な販路を確保するために考案されたのが「貸本業」方式である。

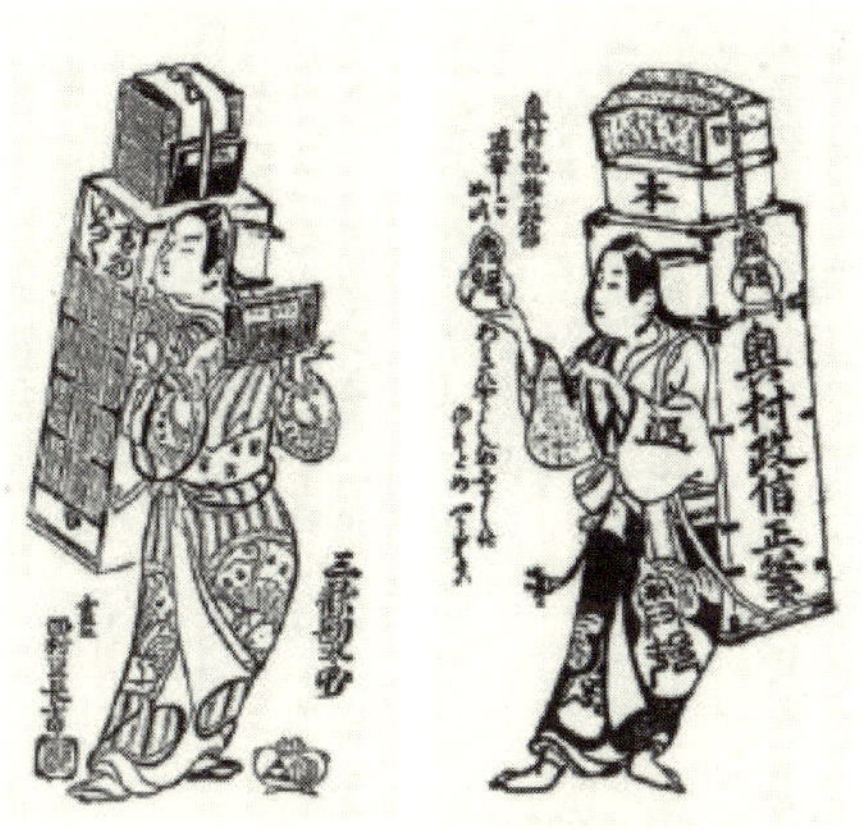

江戸時代の貸本業者の姿

江戸時代の貸本業は、現在の本やビデオのレンタル店とほぼ同じだ。貸本業者が販売所から本を購入し、消費者に貸して料金をもらって利益を上げる、レンタル型のビジネスモデルである。貸本屋のおかげで庶民は安い価格で読みたい本を思う存分読むことができ、出版業者は販路が安定することにより、良質のコンテンツの企画・発売に安心して注力できた。十八世紀中盤にはすでに江戸だけで二百を超える貸本屋が営業しており、それぞれの貸本屋には平均で二百以上の常連の取引先があったと言う。いったん本を借りると家族みんなで回し読みするのが普通だったので、本一冊が出版されると江戸だけで貸本屋を通じて十万〜二十万人の読者が確保できる計算になる。また田舎の読者は、本を借りるためにわざわざ都市まで出ていく必要がなかった。貸本業者が本を担いで田舎まで足を運び、営業をしていたからだ。

本は必ずしも所有する必要がないという点、高価なので個人よりも専門事業者による購買を通じてのほうが安定的な需要を確保することができるという点に目をつけた、当時としては革新的なモデルだった。江戸の人々の際だったビジネス感覚をうかがわせる事例だ。江戸や大坂でベストセラー作家の新刊が出ると、わずか数か月で日本の全国各地に広がり、人々はその本を読み、喜んだり悲しんだり、そして会話のネタにしたりした。今風に言えば、江戸時代の日本は人気ドラマ熱を思わせるほどの読書熱で全国的に覆われていたのだ。

文化の隆盛が日本近代化の原動力

ここまで見てきたとおり、江戸時代の出版文化の特徴は、進化の過程で市場原理が功を奏したということだ。出版は商業的に自立できる巨大な市場を形成し、流通網を構築した。それにより読書は、庶民の日常に深く浸透し大衆化・日常化した。その過程で現代と同じような出版社、著者、配給者間の機能的な分化と専門化が進み、「版権」という著作権に類似した知的財産権や貸本業という共有経済の萌芽が見えたことは注目に値する。

出版業だけでなく、社会経済の各方面で流通システムが構築され、創意的なビジネス技法が絶えず模索されたことは、江戸時代を貫通する日本の近世の特徴である。日本の社会が宗教・倫理の制約から比較的自由で、支配層のほうも反逆的でなければあるいは度を超した風俗の乱れがなければ（一部時期を除き）寛大な態度を取っていたことも出版の発展を助けた。

情報が特権階級によって独占されず大衆に普及するのは、社会変革のきっかけとなる。ヨーロッパの中世を近代に移行させる起爆剤となったのも、マルティン・ルターによる聖書の翻訳と印刷の普及だった。一般大衆が聖書を解釈できるようになったことが、知識の解放と近代化へのパラダイムシフトの基礎になったのだ。

江戸時代の日本人は、読書を通じて歴史・文化・地理・政治理念などに関する様々な情報を得て知識を蓄積するのと同時に、知的探求と教養への憧れを育てた。江戸時代の読書熱を通じて形成された、このような開放的かつ拡張的なスキーマは、近代化の時期における日本社会のパラダイムシフトを容易にする原動力となった。

第7章

国力を高めた教育の力

あるコミュニティ内で文字の読み書きができる割合を識字率と言う。識字率は国家あるいは社会の知的水準を示す一つの指標であり、識字能力は、その社会の政治・経済・文化すべての面において啓蒙、進歩を期するための基礎となる。近代化の時期に各国が国を挙げて識字率向上のための基礎教育に力を傾けたのは、これが理由だ。

江戸時代の日本は、同時代の西欧国家と比べても、識字率の高い社会だったと評価されている。厳密な調査による統計ではないが、日本の歴史学者は、十九世紀初期に江戸の人口の七十〜八十パーセントが文字を読み書きできたものと推定している。現代国家においても、国連の人間開発報告書が識字率七十〜八十パーセントを普通レベルと分類しているので、七十パーセントという識字率は前近代社会としては非常に高いと言えよう。これは、日本人が誇りとすることの一つである。

江戸時代の日本の識字率については、十九世紀に日本を訪問した西洋人の記録からもその一面がうかがい知れる。一八四八年に日本へ来て、日本で最初のネイティブスピーカーの英語教師として活動したラナルド・マクドナルドは、彼の『日本回想記』で「最上級層から最下級層まで、あらゆる階級の男女、子供たちが紙と筆と墨を常に持ち歩いている。すべての人が読み書きの教育を受けている」と驚きを記している。

英国の外交官であり旅行家・作家としてインドや中国などを回ったことのあるローレンス・オリファントは、一八五八年と一八六一年に二度、日本を訪問した時に観察した日本社会について

「手紙で互いの意思を伝え合う習慣は、英国よりもずっと広まっている。日本人は郵便の面白さにどっぷり浸かっているかのように、短い手紙をやりとりするのが好きだ」と記述している。これ以外にも、年間数百にもなる新刊が書店に並び、貸本屋が人気を集める一方、数百の出版社が競争して数万巻も売れるベストセラーが登場するほど高い読書率を誇り、発達した出版文化のある社会だったことは前章で紹介したとおりである。

藩校の果たした役割

読み書きできるようにするためには、教育が必要だ。江戸時代の教育は、武家教育（公教育）と庶民教育（私教育）の大きく二つに分けられる。武家教育の中心的な機関は各藩が設置した藩校だ。一六六九年に岡山藩で岡山学校が設立されたのを筆頭として、十八世紀中盤になる頃には約二百五十校、ほぼすべての藩で自主的に藩校が設立される。藩校は各藩の武士階級である藩士の子弟を育てる、支配層の中心的な教育機関だった。それぞれの藩によって教育の水準や内容は多様で、実質的には藩主が部下である家臣と官僚を育成し、統治権を強化する士官学校の機能を担っていた。

藩士の子弟はおおむね七～八歳で藩校に入学し、基礎的な読み書きを習うほか、『小学』（初学者向けの修身テキスト）、『孝経』、『四書五経』などの儒教の経典や学習書を教科書にした文科系の授業を集中的に受け、十三〜十四歳になると剣術などの武芸や兵法などの武科を習い、文武を兼ね備えた士官または官僚としての素養を身につけた後、だいたい十七〜十九歳で卒業する。

藩校の最大の特徴は、各藩の事情や境遇に合わせた人材の育成教育が可能だったことだ。高度な自治権を持つ各藩の立場からすると、自藩の発展のために必要な知識と専門性を備えた人材像は当然ながら各藩によって異なる。こうした事情から十八世紀末以降は、各藩が置かれた環境や必要に応じて、医学や洋学など新学問を教科課程に編入する藩校が増えていく。同時に幅広い人材発掘のために、武士階級ではない平民の子弟にも入学を認める藩校が登場する。

このような藩校改革の代表的な事例が薩摩藩の造士館だ。薩摩藩は地理的な理由から、大陸に関する情報の入手が早く、西洋勢力との接触が不可避だった所である。世の中が変化しつつあることを見抜いた薩摩藩は、既存の儒教と武芸中心の伝統教育から離れ、新時代にふさわしい人材を育成するために、藩校のカリキュラムと入学資格を一新する。

改革の口火を切ったのは十一代藩主、島津斉彬だった。一八五七年に藩政改革の意を込めた藩主の告諭が発表された後、西洋科学技術を研究するための集成館、中国語研究のための達士館、西洋式兵器と軍学研究のための開成所、桜島には西洋式船舶を建造するための造船所が建設され、さらには必要な人材を養成するための教科が藩校に導入され、全国から優秀な教授が招かれた。

薩摩藩のこうした改革の努力は、国内に留まらなかった。一八六五年、薩摩藩は英国に三人の視察員と十五人の留学生で構成された遣英使節団を送る。使節団は英国、フランス、プロイセン、オランダ、ベルギーなど欧州を歴訪し、一部は米国まで渡ってヨーロッパの情勢や科学技術を体験し、日本の進むべき道についてヨーロッパの指導者らと意見を交わした。

ご存じのとおり、薩長同盟を結んだ薩摩藩は明治政府樹立の主役である。中央よりひと足早く行動し、より多くの情報と知識を備えた地方政府が新たな時代の主役を担うのは、ある意味当然であろう。藩校はその過程の中で、時代を洞察し未来を切り開く人材の養成所としての機能を果たした。

東京大学へとつながる幕府の教育機関

藩によって設立された藩校のほか、幕府が設立した国立の中央教育機関も江戸時代の公教育の中枢を担った。一六九〇年、五代将軍徳川綱吉は、朱子学を官学とすることに決定的な役割を果たした儒学者、林羅山が上野に建てた孔子廟を神田の湯島に移転させ、講堂や寮などの教育施設を付設して湯島聖堂と命名する。湯島聖堂は幕府の後援を受け、幕府の家臣の子弟と各藩から派遣された留学生が学ぶ半官半民の教育機関だったが、一七九七年、林家の私塾としての性格を排除し、幕府の直轄教育機関に編入されるとともに、昌平坂学問所と改称された。

昌平という名称は孔子の誕生の地、魯の昌平郷から取ったものだが、名前の由来から分かるように、昌平坂学問所は幕府統治の哲学の基盤である朱子学を研究し教育する最高の官学機関として位置づけられた。

幕府は儒教教育とは別に、実用的な学問のための研究教育機関も設立している。蕃書調所《ばんしょしらべしょ》は一八五六年に発足した幕府直轄の洋学研究機関だ。幕府直轄の開港地、長崎などから西洋の情報が伝えられ、蘭学の重要性が増したため、西洋の学問を専門的に扱う人材の養成を目的に設立され、一八六三年に開成所と改称された。

主な研究科目には、オランダ語を中心とした語学、現代の金属工学に当たる精錬学、機械学、物産学、数学などが採択されている。また種痘の予防接種など、西洋医学の成果とその重要性が広く認識されるようになり、一八六一年には西洋医学の専門機関として幕府直轄の医学所が設置される。江戸中期以降、医者は新知識人として非常に尊重され、社会的地位も高かった。医学を始めとする様々な西洋の科学文明を通じて新しい気づきを得た医者は、西洋の知識と技術をより積極的に導入することを幕府に勧め、日本社会の知的発展に大きく寄与したのだが、彼らの活躍が幕府による医学所設立という形で結実したのだった。

一八六八年、明治維新という一大激変期を迎え、昌平坂学問所、開成所、医学所は維新政府の近代化政策によりそれぞれ昌平学校、東京開成学校、東京医学校と名称を変え、近代的な教育機関への変身を模索する。これらの幕府直轄の三大教育機関は、一八七七年に日本で最初の近代的高等教育機関、東京大学として統合される（昌平学校は一八七一年に廃止されており、組織の直接的な移管はなかったが、教育理念と伝統が東京大学に継承されたと見なされている）。

庶民教育の中心、寺子屋

江戸時代の教育体系について目をつけるべきところは、支配層を対象にした公教育よりも、むしろ庶民を対象にした私教育である。江戸時代を渡って挙げられる教育の特徴の一つは、それは庶民にも社会の健全な維持、発展のために身につけておくべき知識と教養が存在するという社会的合意があった点だ。そのため日常生活に必要な実用的な教育、職業生活に必要な奉公の教育、共同生活に必要な道徳教育などが庶民教育の中心となっていた。身分制という限界があるものの、すべての社会構成員に共同体生活を営むための基礎教育が必要だという認識があったことは、前近代社会としては発展した教育観だったと言えよう。

庶民教育の中心となったのは、寺子屋という私設の教育機関だ。寺子屋という名称は、江戸時代より前の中世には、主に寺院が教育を担当しており、そこで学ぶ学生を寺子と呼んだことに由来しているというのが通説だ。

江戸時代の初期、京都など寺院の影響力が強い一部地域に開設されていた寺子屋は、江戸中期以降に急速に増え始め、江戸末期になると、江戸・大坂・京都の三都は当然のこと、地方都市、農漁村などの地方も含め全国的に普及した。日本の教育学者は、明治維新以後に近代式の学制改革の一つとして小学校令が出された時、就学対象児童の入学手続きが全国的に迅速に行われたのは、寺子屋の広範囲な普及によるところが大きかったと分析する。

寺子屋の教育は実用的で、学習者ファーストで行われていた。このような特性は、画一化された基礎教育が批判を受ける現代において、新たに見直されているほどである。まず寺子屋の教育方針は、「読み書き算盤」という言葉に集約されている。文字を読み、書き、算盤を習得させることが中心となる。その方法として選ばれたのが手習いである。紙、筆、すずり、墨を持参した学生が、教師の指示に従って、慣れるまで文字を書いて読むことを繰り返した。学年制や標準的な教科課程はなく、すべての学生が一つの教室で授業を受けた。学習能力が高く聡明な学生は進度を速め、同じ年頃の学生よりもさらにレベルの高い教習を受けることができ、そうでない学生は習得に十分な時間をかけることができた。

何を読み、書き、習ったのかを見ると、実用性の高さが目を引く。当時、教科書として主に使われていたのは、往来物であった。これは日常生活に起こり得る様々なテーマについて、平易な文体の手紙をやりとり（往来）する形式で書かれた文例集である。あらゆる分野の、数千種にも及ぶ往来物が教科書として存在しており、教師は各地域の特性や需要などに合わせて科目を選び教習を行った。日本社会の歴史、風習、制度など、基礎的な常識を年中行事の紹介という形式で幅広く扱った『庭訓往来』が初級教科書のように広く普及し、職業生活に関連しては地理・商業・技術・算数に関する多様な科目が教えられた。往来物を読み、字を習う過程で学生は平易な文語体の作文能力を自然と身につけるが、このことが日常生活において文章で意思を伝え記録を残す文化の発達につながった。

一方で、実用的な知識と合わせ（前近代の身分制社会の限界が前提としてあるものの）、庶民それぞれが社会の構成員として身につけておくべき心得や徳性が主な教育目標として強調されたため、『実語教』という教訓書や『童子教』という修身書が代表的な教科書となっていた。『実語教』は、朝鮮時代の『千字文』（四言古詩二五〇句からなる習字の手本）や『童蒙先習』（初学者向けの入門的な教科書）のように、ほとんどの寺子屋で教本として採択され、学生たちに教えられていた。『実語教』には儒仏道神を網羅した日本的な道徳観や教訓が含まれている。例えば「山は高いから価値があるのではなく、たくさんの木を抱えているから価値があるのだ」、「人は金持ちだから立派なのではなく、知恵がなければ立派とは言えない」、「老人を自分の親のように敬い、どの子供をも自分の子供のように慈しむことが人間の道理だ」等々が教えの内容だが、このような観念や伝統は現代の日本社会にも息づいている。

新知識人を輩出する私塾

江戸時代の中期以降、学識があり人望の厚い知識人が、個人的に門下生を募集する私塾が大流行した。私塾は身分や地位にとらわれることなく、学びたいと考える人々に門戸が開かれた開放型の教育機関だった。私塾の最大の特徴は何と言っても、塾頭の信念と学識を反映した、型にはまらない教育が可能だったという点である。塾頭が漢学に詳しい漢学者なら、藩校や幕府の学問所にも劣らないハイレベルな漢学の知識を、塾頭が蘭学に精通した新知識人ならば、公的教育機関では触れることのできない天文学や物理学、建築学などの新しい西洋の知識を学ぶことができた。

特に江戸時代の後期になると、蘭学、兵学、医学などの実用的な学問を専門にする私塾が非常に増えていった。私塾の門下生には体制に不満を覚える下層の武士・商人・農民出身の者が多く、学びを通じて、より良い世の中を作ろうという抱負を持ち、変化を夢見る若き新知識人が、たくさんの私塾から生み出されていく。

最も代表的な私塾としては松下村塾が挙げられよう。長州藩の小さな私塾だが、尊皇攘夷という強い信念を持った吉田松陰が指導した門下生から、明治維新を主導した久坂玄瑞、高杉晋作、伊藤博文、山縣有朋といった人物が輩出されている。

蘭学専門の私塾としては、大槻玄沢の芝蘭堂と、日本近代医学の祖と呼ばれる緒方洪庵の適塾が有名だ。両私塾とも近代日本の科学の発展に大きく貢献する蘭学者を多数輩出した。設立が自由だったため、西洋人が私塾を設けることもあった。長崎の出島商館に派遣されていたドイツ人医師のシーボルトは一八二四年、長崎近郊に鳴瀧塾を開設し、西洋医学や植物学などの自然科学を日本人の門下生に教えた。

私塾の自由な教育理念と実用的な発想は現代まで続いている。適塾の門下生だった福澤諭吉は一八五八年、自らの教育理念を実現するために慶應義塾を設立した。慶應義塾は明治維新ののち、教育体制の改編の過程で近代の大学となり、日本最高の名門私学の一つ、慶應義塾大学になった。日本有数の医学研究教育機関、順天堂大学医学部は一八三八年に江戸に設立された蘭方医学専門の和田塾を母胎としている。韓国でも有名なパナソニック株式会社の創業者、松下幸之助が真のエリート教育をモットーとして一九七九年に設立した松下政経塾も、江戸時代の私塾設立の伝統を受け継いでいると言える。

私塾と寺子屋は二つの側面から社会変動の原動力を提供した。第一に、私塾と寺子屋では身分で差別されることなく教育を受けられた。権威に依存する少数の公教育の体制外で、広く一般の階層にも知識を伝え拡散させることができたのは、前近代の身分制が残る中では稀有な事例だ。第二に、私塾と寺子屋は一種の民間教育の市場を形成していた。私塾の存立は設立者及び教育者の学識と評判にかかっており、教育内容が有益で質が高いほど多くの門下生を集めることができ、そうでなければ淘汰されるしかなかった。言い替えれば、能力の高い専門知識人は、知識を創出し伝える活動だけで市場原理によって所得を得て生計を維持できたことを意味する。

教育を通じた知識の世代間伝承が、権威や身分にとらわれず、商業的な活力と自律性に基づいて行われる「知識市場」の出現は、近代化を予備する先行条件であり、日本社会における啓蒙の受容性を高める精神的な土台になったと言える。

第8章 ニュースとチラシの誕生

出版・印刷文化が発達して識字率が上がると、最も消費される読み物は何だろうか？　現代人の場合は新聞だろう。単行本はひと月に一冊読むか読まないかぐらいでも、新聞は一日も欠かさず読むという人は非常に多い。最近はインターネットの発達で紙の新聞がかなり減ったとは言え、それでも最も身近な印刷物はやはり新聞だ。

新聞は活字化された情報伝達の媒体の寵児であり、近代化を象徴するような存在である。インターネットが発達するまで、情報伝達の媒体として新聞が持つ影響力は大変なものであった。日本は特に、紙の新聞に対する愛着が強い新聞大国として知られている。二〇一一年、世界の新聞発行部数の調査によると、上位十社の中に日本の新聞社が五つも入っている。一位が『読売新聞』（一千万部）、二位『朝日新聞』（七百五十万部）、四位『毎日新聞』（三百五十万部）、六位『日本経済新聞』（三百万部）、九位『中日新聞』（二百八十万部）だ。

江戸時代の新聞、讀賣

世界最大の新聞発行部数を誇る読売新聞社の社名、読売の由来は江戸時代にまで遡る。日本には十七世紀初期から、火災や自然災害、痴情のもつれによる事件など、今日の社会面に出るようなニュースを一枚あるいは何枚かの紙面に載せて道端で売る一種の情報紙があったのだが、これを讀賣と呼んでいた。讀賣という漢字からも分かるように、販売者が大声で内容を読み上げながら街頭で販売をしていたことに由来する。

　讀賣は瓦版とも言う。瓦のような粘土版に文字などを彫って印刷していたから瓦版となったという説があるが、実際に現存する讀賣はほとんどが木版で印刷されており、瓦版という名称の由来については諸説入り乱れている。

　現在、記録に残っている最古の讀賣は、一六一五年、江戸幕府の徳川陣営と豊臣陣営が最後の決戦を繰り広げた大坂夏の陣の様子を報じる「大坂安部之合戦之図」と言われている。天下統一の大詰めを迎えた二つの陣営による戦が、当代最高の関心事であったのは当然だろう。

　このように讀賣は、世の中の動きや大衆の関心事についての情報を素早く伝えることを目的として流通した商業的な印刷物である。内容や形式の面では、現代の新聞とは多くの違いがあるが、世の中の動きを知りたいという読者のニーズに応え、話題になるものすなわちニュースを供給するという面では、報道の機能を果たすマスコミの原型と評価できると、日本の歴史学者や言論学者は主張する。

　江戸時代の庶民の生活などを描いた本には、江戸中期に入ると、庶民が日常的に消費する必需品と言えるほど、讀賣が活発に製作され販売されていたという記録がある。ただし一度きりの消費を目的とした非公式的でアンダーグラウンドな印刷物という特性から、その実態と全貌についての実証的な資料と研究に不十分な面がある。特に多数の史料が現存しているものの、史料だけでは作成の主体や経緯などが分からないケースが多く、これが研究を難しくする要因になってい

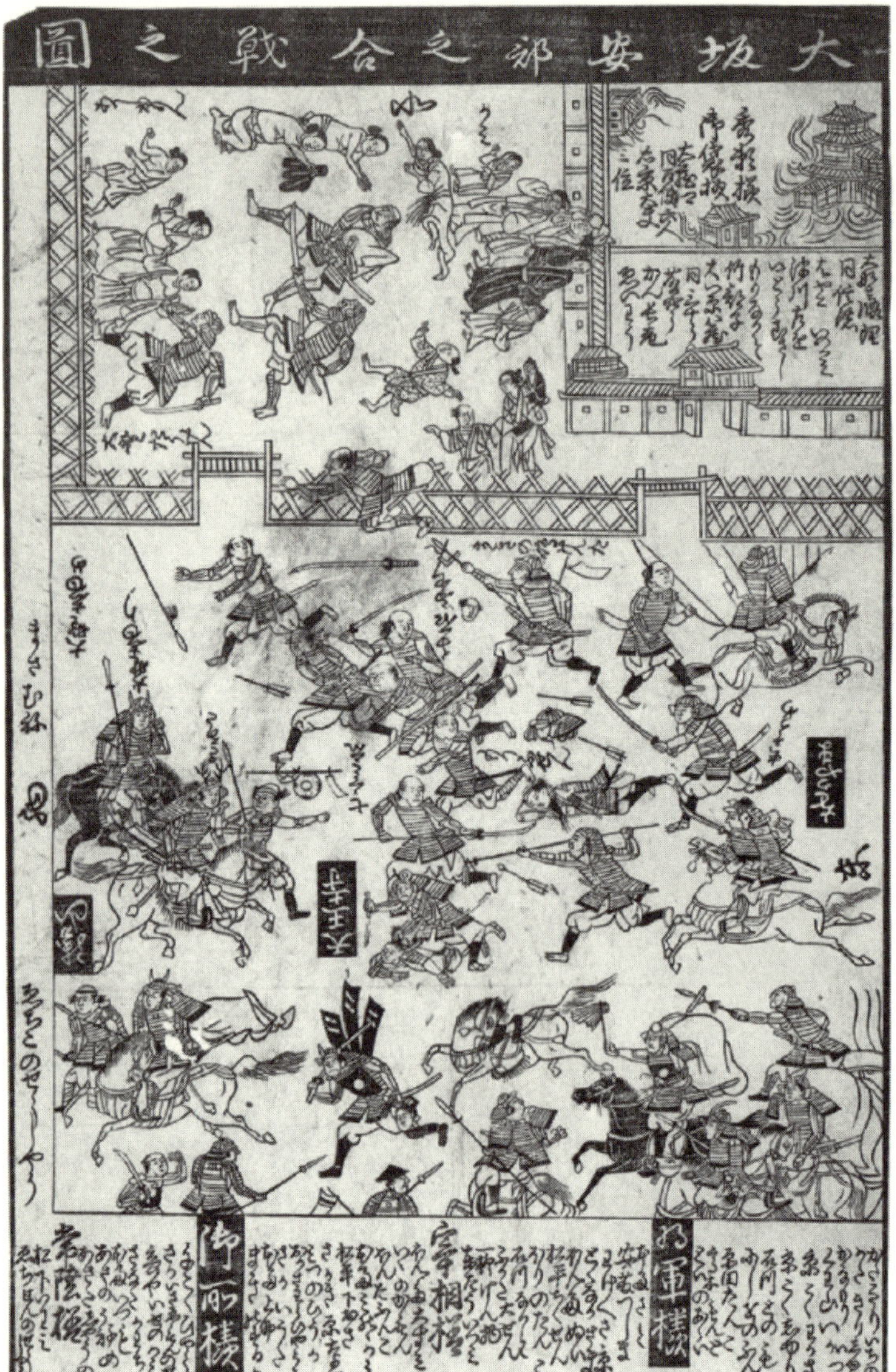

現存する最古の讀賣と言われる「大坂安部之合戦之図」

江戸時代に庶民教育の中心となった私設の教育機関、寺子屋。 読み、書き、算盤を習得させることが教育の核心である （本文 p.103）

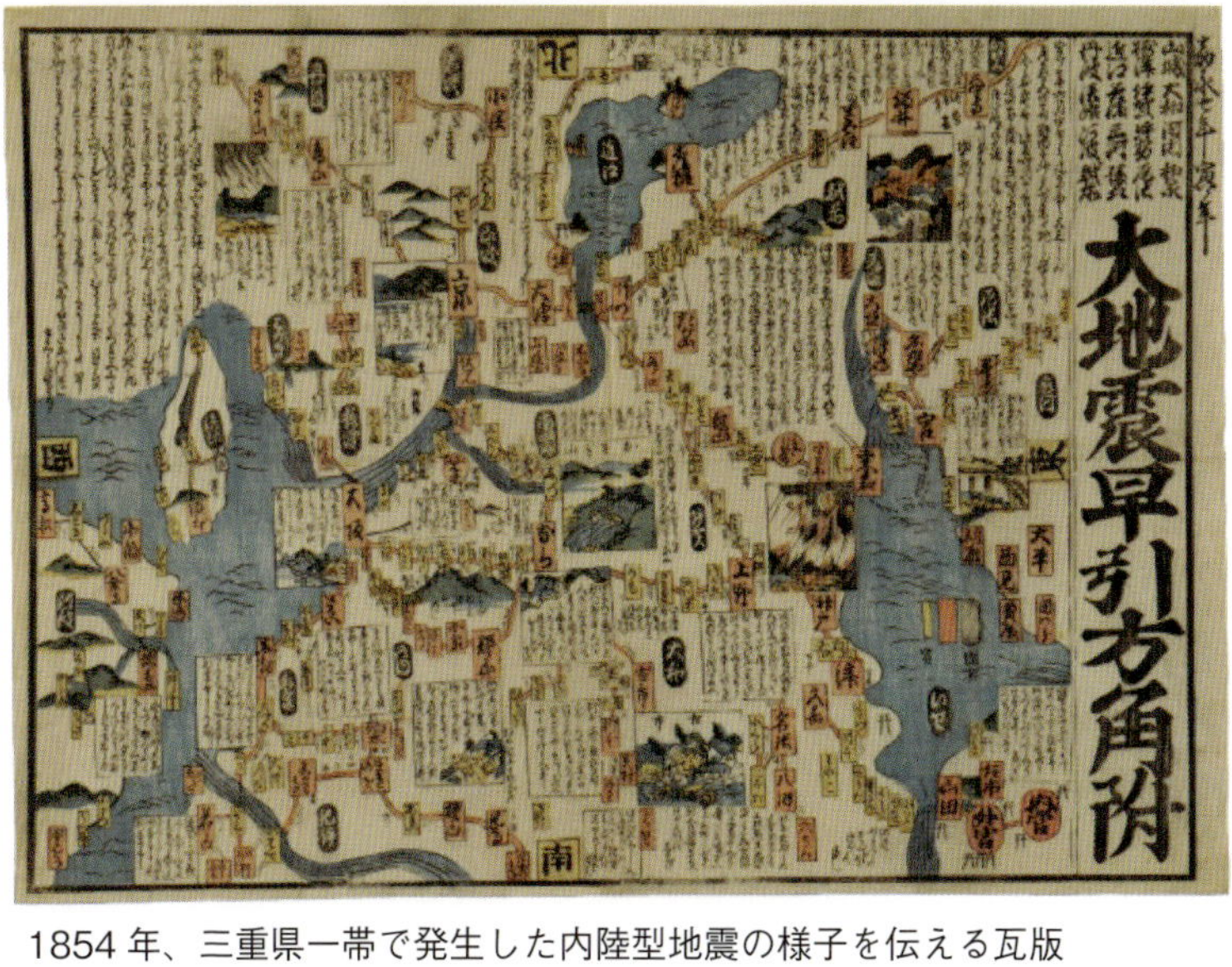

1854 年、三重県一帯で発生した内陸型地震の様子を伝える瓦版（本文 p.111）

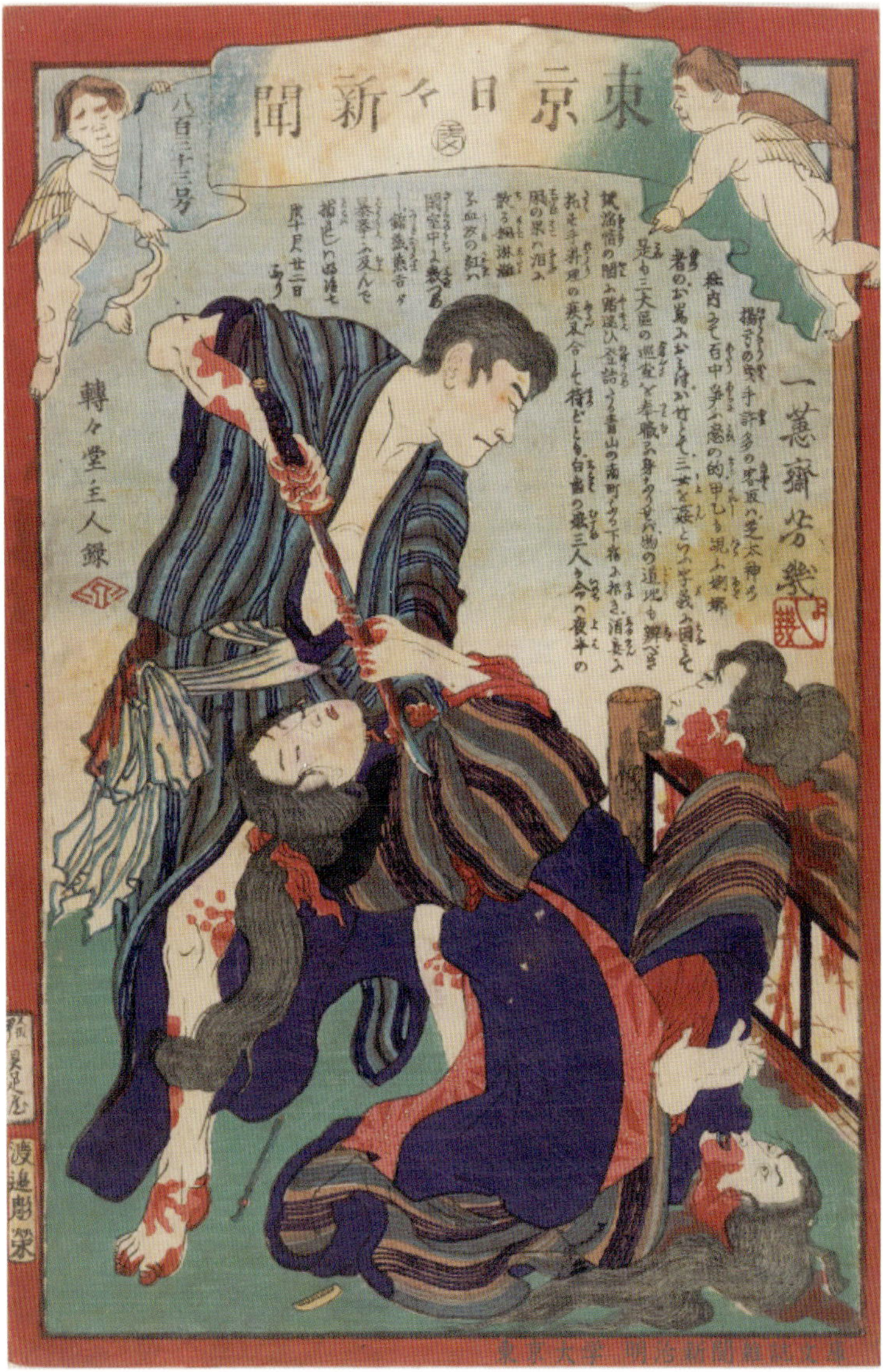

痴情のもつれによる殺人事件を扱った1875年の『東京日日新聞』の記事。錦絵の印刷技術を用い、精巧で華やかな色彩を誇った
（本文 p.114）

『解体新書』翻訳の
主役、杉田玄白
（本文 p.121）

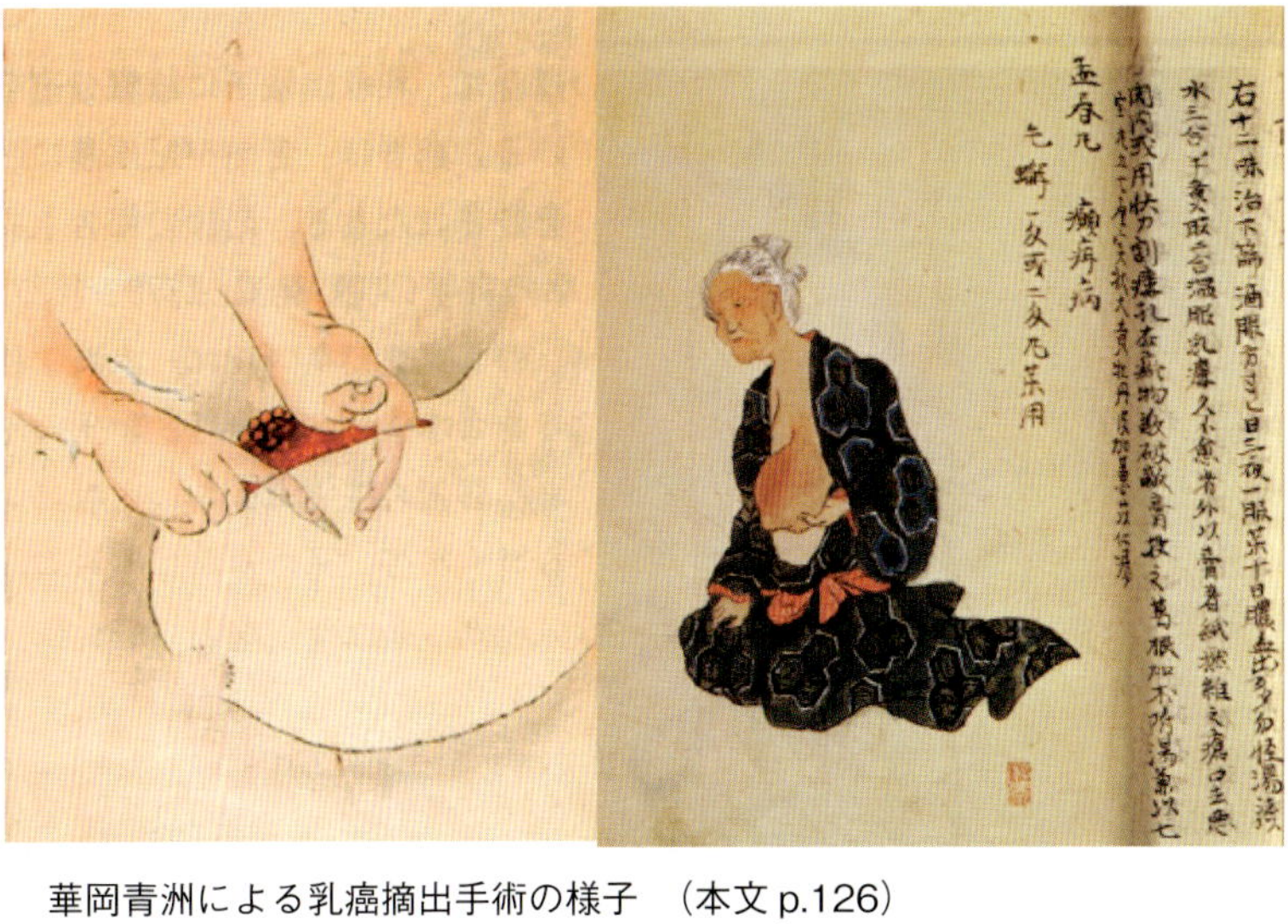

華岡青洲による乳癌摘出手術の様子　（本文 p.126）

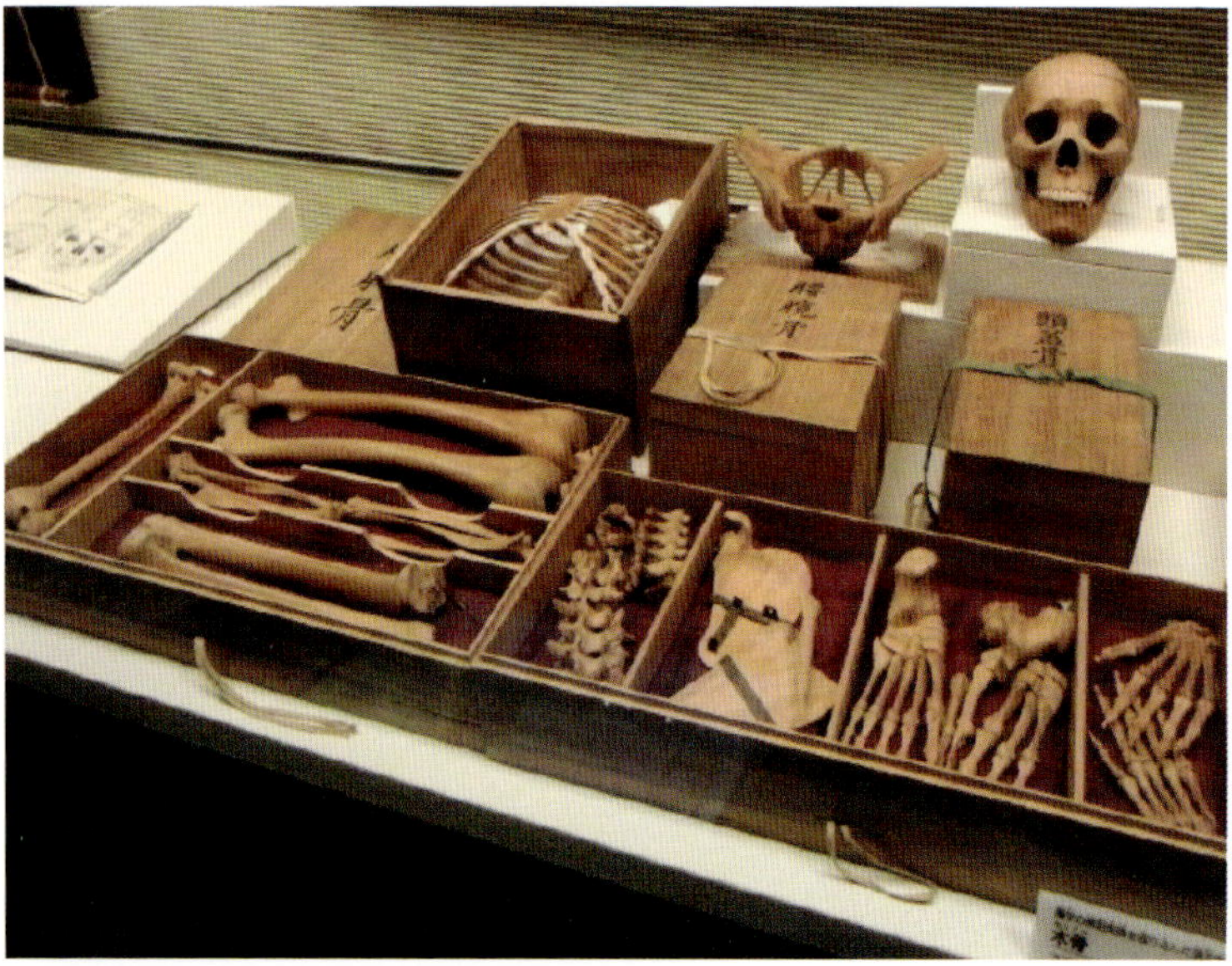

奥田万里が製作した奥田木骨(1819年)。国立科学博物館所蔵（本文 p.128）
図典出処　https://commons.wikimedia.org/wiki/File:Wooden_human_skeleton.jpg

伊能忠敬の銅像。伊能が測量旅行に出る時に参拝した富岡八幡宮の境内に、測量開始200周年を記念して設立された
（本文 p.131）
図典出処　https://en.wikipedia.org/wiki/Inō_Tadataka

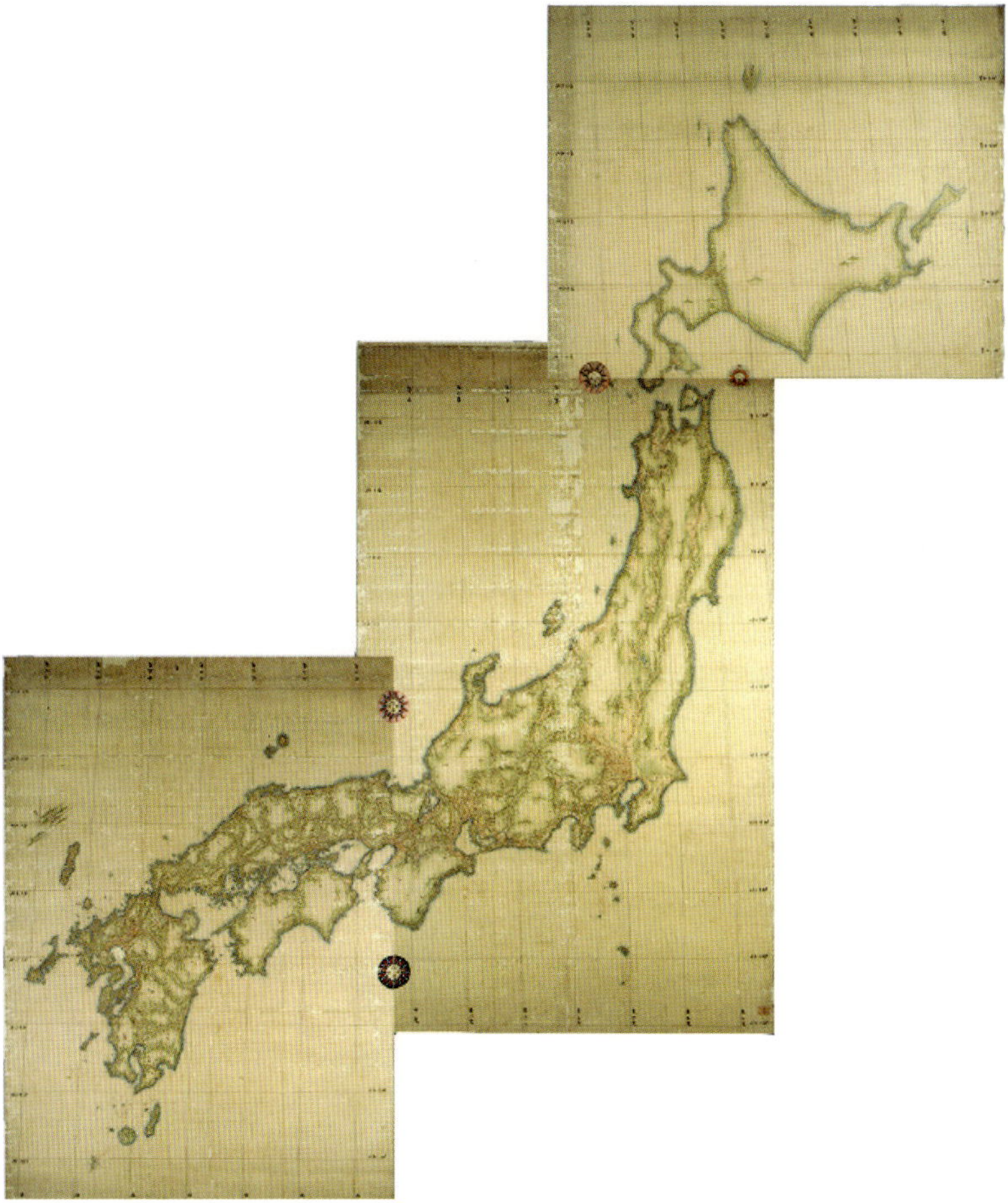

＜大日本沿海輿地全図＞。東京国立博物館所蔵　（本文 p.134）

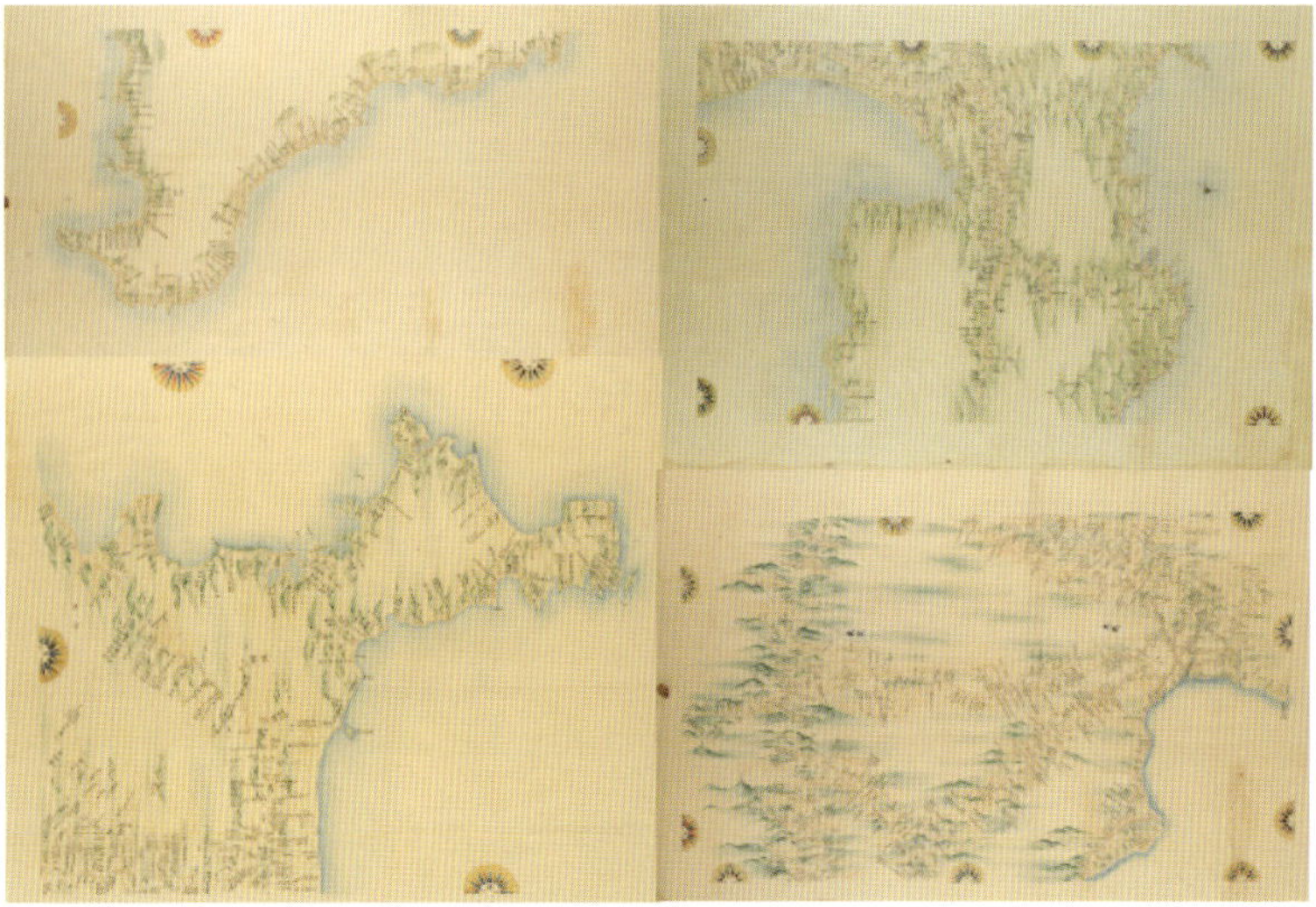

上：＜大日本沿海輿地全図＞の部分図。天文学の知識を基に、驚くほど精密に日本の国土を描き出している（本文 p.134）下：伊能図の大地図 214 枚を合わせた様子。伊能図の原本は 1873 年、皇居の火災ですべて焼失し、現在残っているのは米国議会図書館などで発見された写本である。完全復元伊能図全国巡回フロア展、多摩にて
（本文 p.134）
図典出処 https://de.wikipedia.org/wiki/Inō_Tadataka

長崎商館のオランダ人たち。彼らが伝えるヨーロッパの新しい文化と知識は、江戸時代の知識人に大きな知的刺激を与えた
（本文 p.142）

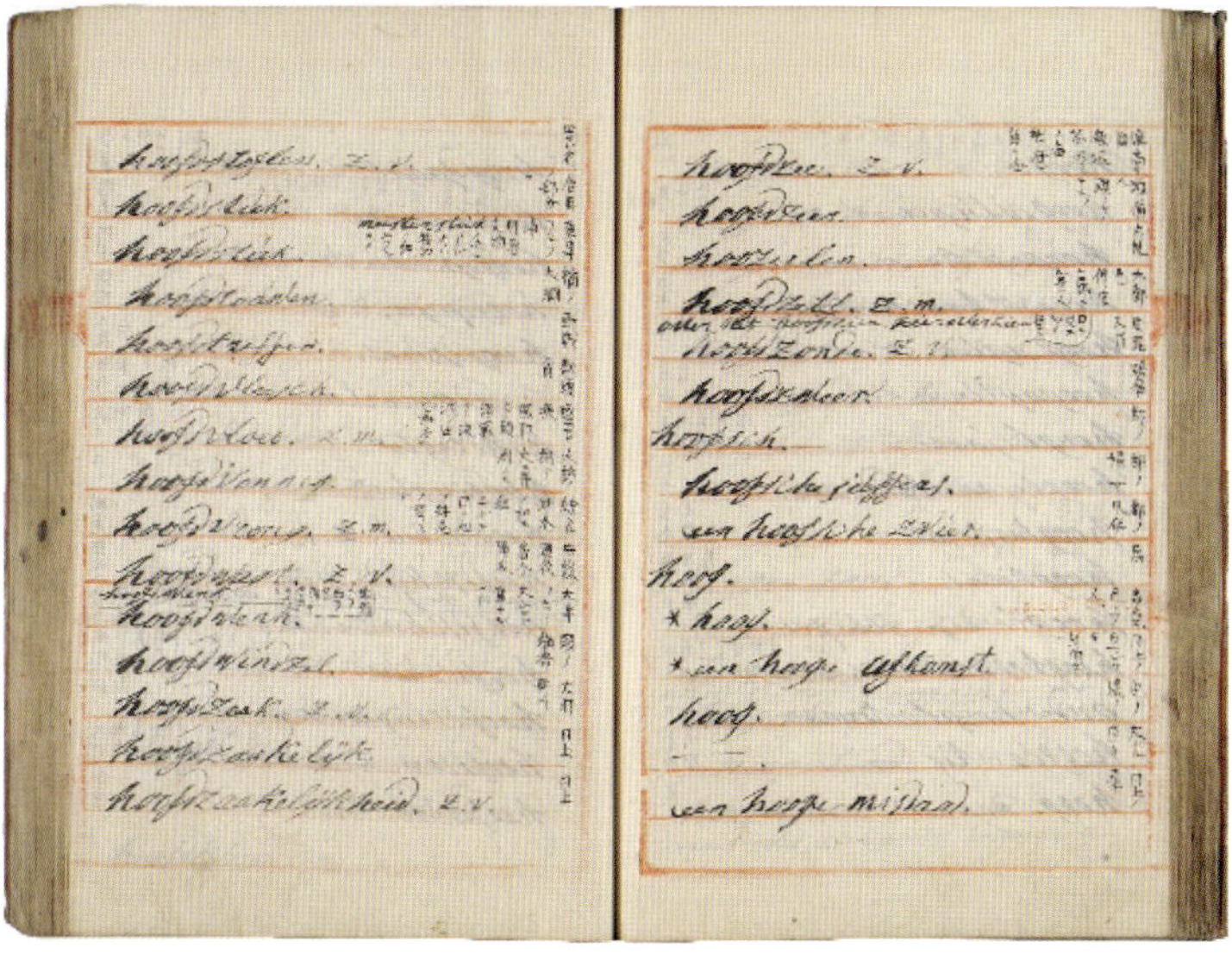

日本初の西洋語の辞典として知られる『ハルマ和解』 （本文 p.144）

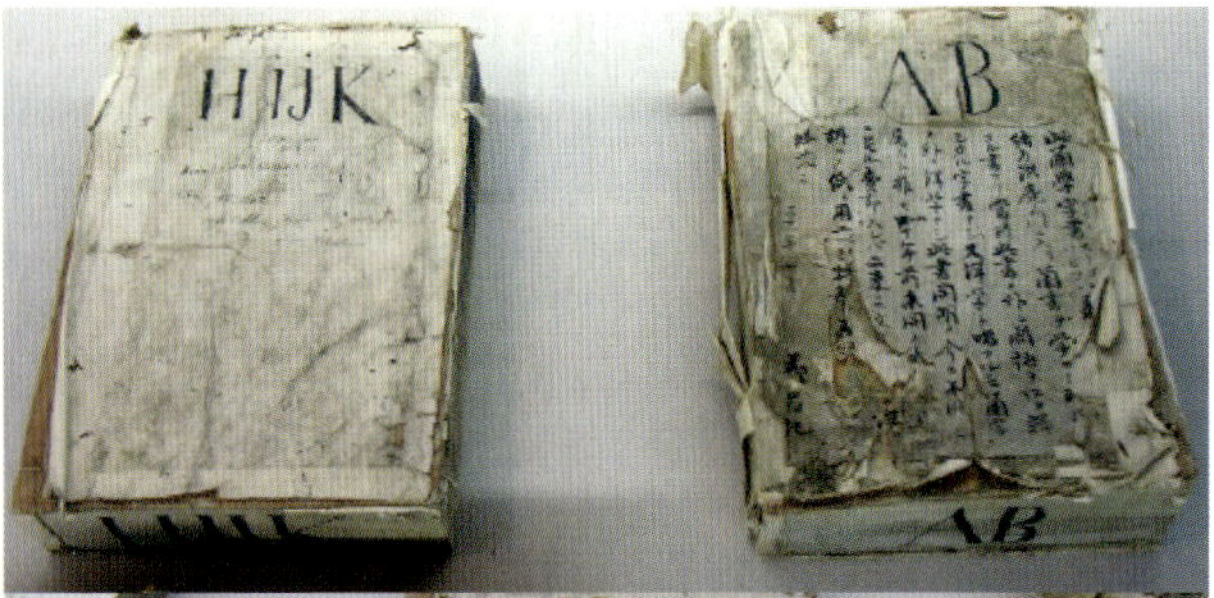

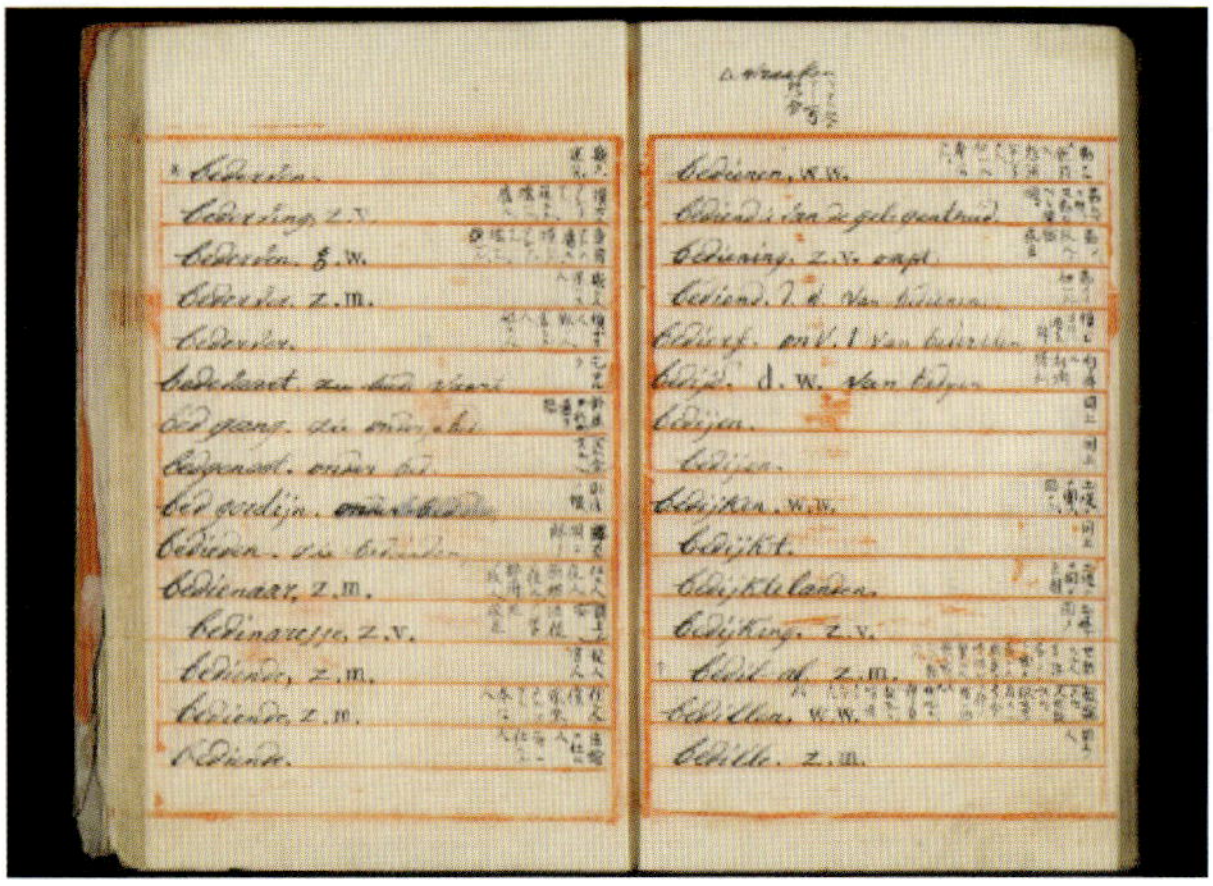

上：適塾所蔵の『ドゥーフハルマ』（本文 p.146）
中：『ドゥーフハルマ』C ～ G 冊
下：『ハルマ和解』(本文 p.144) と比べると、説明量に差のあることが分かる

る。

読賣を刊行する業者を読賣屋または瓦版屋と言う。たいていは大衆向けの娯楽物を出版する双紙屋系統の出版業者が関わっていたが、印刷の作業は草紙屋と提携するものの、読賣に専念する専門業者もいたそうだ。読賣が主に扱うのは大火、地震や洪水などの自然災害、殺人や痴情のもつれによる事件、あるいは奇談怪談など、道端で人々の話題にされるようなものだった。そういうニュースのネタになるような出来事が発生した時に不定期で製作され、通俗的で興味本位の内容を主な素材としていたので、新聞とタブロイドの中間ぐらいの性格を持つ読み物だったと言えよう。

製作過程は現代の新聞製作と大きくは変わらない。ニュースバリューがあると判断される出来事が発生すると、取材員が現場に派遣されて取材を行い、その取材内容をもとに文章のうまい記者（もちろん当時、記者という言葉はなかった）が記事を書く。その原稿を印刷所に渡せば、今度は印刷業者が即座に木版を製作・印刷して、それを専門の販売員が街頭で売って流通させる。速報性が重視される印刷物だったので、専門の浮世絵や単行本に比べると板刻の緻密さや繊細さという点では劣るが、筆写ではなく木版印刷をしているので、一度に数百枚ずつ印刷して市場に流通させることが可能だった。

読賣は幕府から公認された印刷物ではなく原則的には取り締まりの対象だったので、その取り締まりを避けるために読賣の販売商は二人一組となり、一人が大声で記事の内容を読んで客引きをし、もう一人は役人が来ないかどうか見張り役を務めながら販売するのが一般的だったそうだ。刊行業者が政治的な素材を扱うことを自ら控えていたため、取り締まりはそれほど厳しくなく、過度に扇情的あるいは刺激的な、痴情のもつれによる殺人などの内容を規制する程度だったと言う。

徳川幕府も末期になると、西洋の黒船来航などの政治的な激震が起き、讀賣のコンテンツも現実を反映して変化していく。幕府の統制力の弱まりと重なって、国内外の情勢を紹介しつつ政治的な主張まで盛り込んだ讀賣が市中に流通し始めたので、この時期の讀賣は、近代的な新聞に取って代わられるまでの間、政治関係のニュースとオピニオンの市中への伝達経路として重要な役割を果たすようになる。

十九世紀中盤、明治時代に入ると、浮世絵版画の最終形態である錦画の印刷技術を導入した、一層精巧で華やかな色で彩られた「錦絵新聞」が登場する。十九世紀末に西洋式の輪転機が近代の新聞で導入されるようになり、錦絵新聞は長くは続かなかったが、正式に登録された言論機関が刊行する新聞であり、視覚的なグラフィックを強調した独特の構成などは、後年、文字よりも視覚に訴える写真週刊誌の原型と評価されるようになる。

チラシの始まり、引き札

新聞が大衆のニュースに対するニーズに応じて考案された印刷物ならば、広告は情報を大衆に伝えようというニーズに応じて考案された印刷物と言える。チラシは、現代人も日常的によく目にする、なじみのある印刷物だ。

江戸時代における印刷物の流通の発達は、商業資本の発達と重なってチラシという新しい種類の印刷物を誕生させたが、江戸時代に流通していた商業目的のチラシのことを引き札と言う。普通は商店が発行するのだが、歌舞伎の芝居小屋、神社や寺などが行事の紹介や観客の案内のために発行する、一種のパンフレットのような印刷物も引き札と言う。

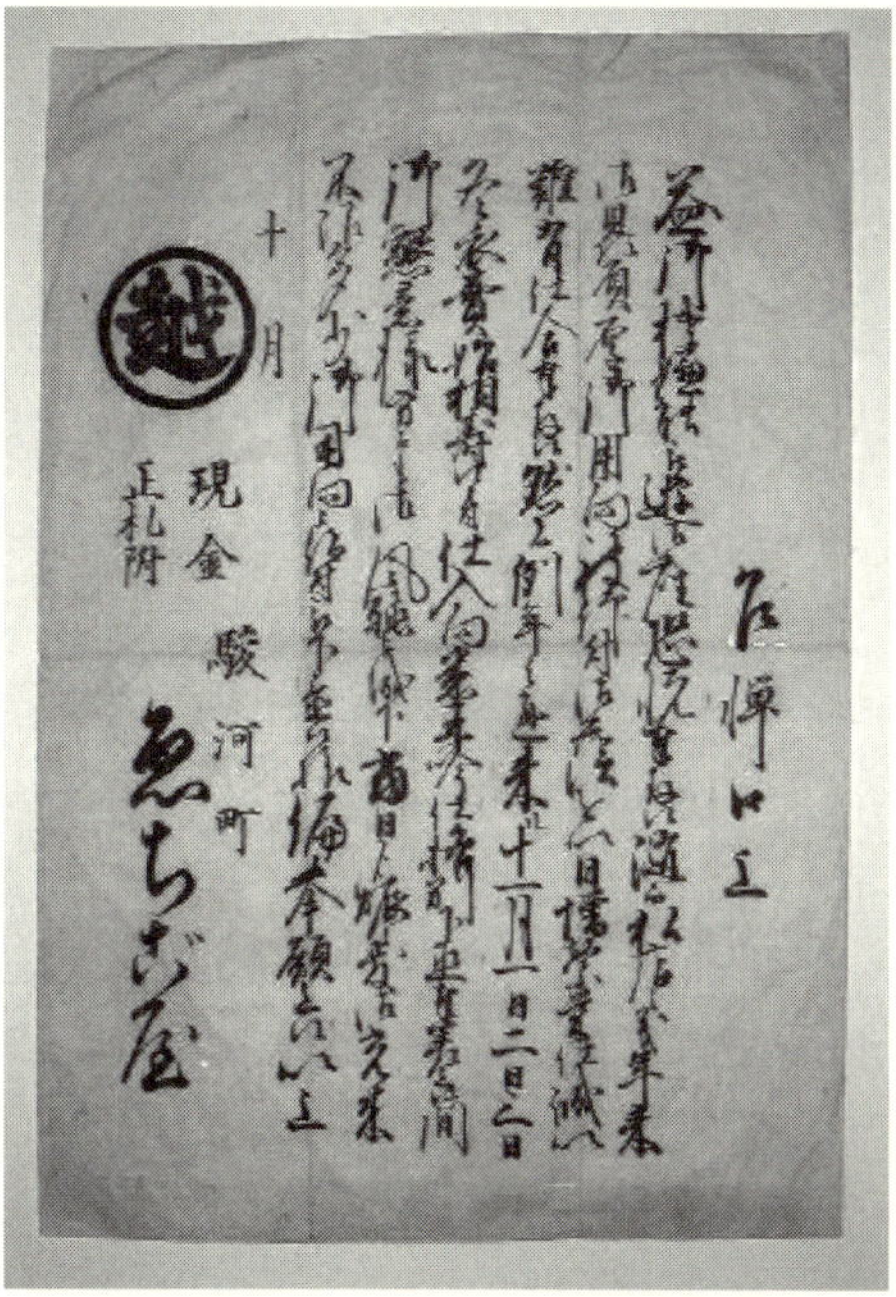
十月
現金　駿河町
正札附

チラシの元祖として知られる越後屋の引き札

引き札は、開業や移転などを紹介する単純な内容のものが多かったが、中には単なる紹介ではなく販促マーケティングを行うものもあった。その元祖として知られているのが、一六八三年の越後屋（三越の前身）という呉服屋が発行した引き札だ。当時の呉服屋では、大名や有力な武家などの大手顧客が年に一～二度、ツケで大量に購入し、価格も叩かれることが一般的だった。客が限られ、現金の融通にも制約がかかるという現実を打破するために、越後屋は「現金売り、掛け値なし、切り売り」という販売戦略を立て、その引き札を製作して市中で配布した。

この戦略が的中した越後屋は最高の売り上げを記録して呉服屋の注目株となる。そして同じように売り上げを増やすための戦略を考え、引き札を発行して広告活動に乗り出す商店が後に続いた。一定金額以上を購入した客に酒などの景品を渡したり、大容量・徳用の商品を用意したりするなど、新たな販促の手法が次々と考案され、引き札を通じて宣伝されるようになる。

引き札は消費者の購買欲を刺激することが重要だったため、図案や構成などのデザインや文案などのコピーに力が注がれた。中には芸術性の高い引き札も多く、今もコレクションの対象になるものもある。さらには消費者の関心を引くために、当代の有名作家などを雇って製作されるものも出てくる。

「江戸の天才」、「日本のレオナルド・ダ・ヴィンチ」とも言われる風変わりな発明家であり作家である平賀源内は、当時の江戸で知らぬ者はいないと言われたほどの有名人だが、彼が知人に頼まれて書いた嗽石香《そうせきこう》という歯磨き粉のコピーは、江戸中で話題となり、道行く子供たちがコピーを歌詞にした歌を口ずさんでいたと言う。有名タレントがＣＭに出演したり人々がＣＭソングを口ずさんだりする、現代の広告を連想させるエピソードである。

先ほど紹介した錦絵新聞の開拓者『東京日日新聞』（毎日新聞の前身）は、記事を載せた本紙に加え、広告主の依頼を受けて引き札を付録にして配った。新聞業者は広告主から収益を得ることができ、広告主は新聞業者を通じて広範囲での広告効果を狙うことができる相互扶助のビジネスモデルが誕生したのである。このような両者の協業は新聞（または雑誌）の情報伝達力に基づいており、広告の掲載は新聞に不可欠の要素として定着し、新聞・チラシの統合につながる一方、配布の段階でチラシを挟み込むスタイルも進化して現代まで続いている。

韓国の歴史学者は、朝鮮時代に承政院《スンジョンウォン》（朝鮮時代、王からの命令と下からの報告などを取りまとめた官庁）が発行した「朝報《チョボ》」という文書を朝鮮時代の新聞として評価する。朝報とは毎朝、その前日に朝廷で決定された事項や祭礼に関する事項などを承政院が整理して発刊し、それを筆写して地方の官庁や主な官吏に配布する一種の官報である。文を尊び印刷術が発達していた朝鮮で、朝廷の沙汰を文書として速やかに流通させる制度があったことは、見方によれば当然であり、十分に評価に値する。

ただし日本の讀賣を朝報と比較すると、情報流通の主体そしてメカニズムの面では違いが目立つ。政府刊行物である朝報とは異なり、讀賣はあくまでも民間が主導する情報流通の媒体である。たとえ扱う内容に制約はあったとしても、民間主導の情報流通が可能だったのは、社会の発展段階において大きな意味を持つ。情報統制の行われる抑圧的な体制下にもかかわらず、情報流通サービスの市場が自然と形成され、商業的な活力を持って成長・発展したことは、前近代の社会としては実に異例とも言える現象であった。

第9章
科学の扉を開けた『解体新書』

近代科学は観察・仮説・検証という過程を根幹とし、科学的方法論として「分析」を重視する。「分析」を意味する「analysis」は、語源的に「細かく分けること」から来ている。分析とは、玉ねぎを剥ぐかのように、これ以上は小さい要素に分けられないというところまで剥いでいくことによって、対象の本質に迫るという発想だ。現代の科学文明は分析を基礎とする帰納的思考の産物である。

人体の疾病の究明と治療を目的とする医学は、西欧で十五世紀以降、生老病死の現象に分析的にアプローチすることによって飛躍的に発展し始める。

この時期の西洋医学は、目に見えない人体の内部構造を把握し、各器官の機能、役割、相互関係を究明するための人体探求の手がかりとして、解剖を重視した。一方で東洋医学は、西洋医学と違い解剖を敬遠していた。

ヒポクラテスが解剖学の始祖と呼ばれるほど、医学＝解剖学の伝統があった西洋医学とは違って、中国を中心とする東洋医学は気・精・神の養生を重んじていた。体の部位ではなく全体の調和を重視し、生命作用に哲学的な意味を付与するために、解剖を意図的に避けた。東洋倫理の観点からは死体に手をつけるのは不敬であり、陰陽五行説に基づく生命論の観点からも、死者の骨格と臓器から生老病死の糸口を探ることはできなかった。

日本の知識界に衝撃を与えた西洋解剖学

日本もその例外ではなかった。葬礼の役を与えられた一部の下級階級の者を除いては、医師といえども死者の体に手を触れることはタブーとされていた。しかし十八世紀になり、西洋の医学書が入ってくると、日本の知識人社会は大きな衝撃を受ける。出島商館のオランダ人医師らが持ってきた近代の医学書、特に解剖学の書籍にはただ驚くばかりであった。当時、西洋の書籍は禁書であり、幕府の許可のない流通が制限されていたが、実際の医術を担当していた医者は知識欲を抑えられなかった。これほど詳細かつ精密に、人体を切り分けようなどと考えるとは……。初めて接した人体に対する分析的なアプローチに、日本の医者は職業意識を刺激されたのだ。

古方派（理論より実践を重視する漢方医学）の医学者である山脇東洋は、一七五四年に死刑囚の死体の解剖に立ち会い、一七五九年に観察内容を記録した『蔵志』という解剖図鑑を出版する。日本初の解剖実験だと言われることもあるが、西洋の解剖学に関する理解もなく、ただ人体内部の外観を描写した程度で、真の意味での解剖図解とは言いがたいものだった。

しかし、しばらくして転機が訪れる。一七七一年の春、蘭方医学（オランダ医学）に強い関心を持つ医師の中川淳庵は、出島商館長が江戸に参府する際の定宿だった長崎屋を訪問した折に、『ターヘル・アナトミア』（ドイツ人医師クルムスが著述した『Anatomische Tabellen（解剖図表）』のオランダ語訳『Ontleedkundige Tafelen』の日本語の通称）を始めとする西洋解剖学の書籍に接する。『ターヘル・アナトミア』の精巧な人体内部の描写に感嘆した淳庵は、同郷の医師、杉田玄白に同書籍を紹介する。何事に対しても意欲あふれる活動家、玄白が資金を用意して本を入手した後、二人は『ターヘル・アナトミア』を貪るように読み、自らの無知を悟って強烈な探求欲を覚える。同年三月、死刑囚の解剖を見学するために処刑場を訪問した玄白と淳庵に、大分出身の医師、前野良沢が合流する。良沢もやはり別のルートから『ターヘル・アナトミア』を入手していた。

医師ではあったが、三人とも人体の内部を直に見るのは初めてのことで、彼らは解剖を観察し、『ターヘル・アナトミア』に描写された人体が本物の人体と正確に一致していることに驚きを隠せなかった。西洋の解剖学が示す新しい可能性に気づいた三人は、その場で『ターヘル・アナトミア』を日本語に翻訳することで意気投合する。

『解体新書』翻訳への壮大な挑戦

しかし、翻訳といっても満足なオランダ語の辞書ひとつさえない状態で医学書を訳すというのは不可能に近いことだった。前野良沢には若干のオランダ語の知識があったが、挨拶を交わす程度の初級レベルである。その後に行われた翻訳の過程は、壮大な挑戦のストーリーであった。そこでは、まるで暗号解読のような方法が用いられている。

概略を説明しよう。まず、持っている知識で意味を把握できる単語を探して表示しておく↓意味が確定した単語から、前後にある単語の意味を類推する↓分からない単語はとりあえずリストを作っておき、図やその他の文章から得たヒントを基に可能性を狭めていく↓一つの文章に意味の確定した単語がある程度そろったら、文章全体の意味を推測して、さらにそこから各単語の意味を推定する↓推定した意味を、他の文章に使われた同じ単語のところに代入して意味が通じるかを確認し、暫定的に意味を決める↓意味が確定すれば再び前後にある単語の意味を類推する。このような過程をひたすら繰り返していく。

玄白自身が、舵も帆もなく広大な海を航海しているようだと表現するような困難の中で、複雑なパズルを解くかのように翻訳が進められていった。概念が分かっても、それに該当する日本語がないことも多く、その時は新しい単語を創造しなければならなかった。神経、軟骨、動脈など、既存の東洋医学の考えにはなかった人体の部位や器官に、新しく日本式の名前が付けられた。

寝食を惜しむほど翻訳に明け暮れる日々を送って三年、一七七四年に『ターヘル・アナトミア』の翻訳本、『解体新書』が出版される。最も貢献したと言われる良沢が、翻訳が不十分だという負い目から自身の名前が訳者として挙げられるのを極力避けようとしたそうだが、確かに翻訳のレベルは高くはなかった。しかし『解体新書』の出版は、日本の知識史において分岐点となる画期的な出来事であった。

『解体新書』は、西洋の言語で書かれた本を日本語に移し替えた、初めての本格的な翻訳書である。しかもその内容は、当時としては容認されないタブーを扱っていた。西欧の観念を日本人の観念に変換する翻訳という行為は、既存の倫理・規範によって遮られていた禁断の門を越え、世界観の転換を図る契機となった。

時代を飛び越える本を出すまでに至ったのには運もあった。『解体新書』は図鑑であるため、図のレベルが重要になってくる。『解体新書』の挿絵を描いたのは小田野直武だった。先の章で登場した、江戸時代のダ・ヴィンチと呼ばれる平賀源内は、長崎に留学していた時期に西洋の画法を見よう見まねで覚え、日本で初めて西洋画を描いたことでも知られている。その源内は一時、秋田藩主の依頼で西洋画を教えていたことがあるのだが、その時に源内から西洋の遠近法や陰影法などの画法を学んだのが秋田藩士、直武だった。

玄白が普段から親しくしていた源内に『解体新書』の挿絵の模写を頼むと、源内は直武を玄白に紹介し、玄白の依頼を受けた直武は、当時としては驚くほどの精密さで原本を模写してみせ、『解体新書』の完成度を高めた。

世界初の全身麻酔下での外科手術

日本の医学は『解体新書』の以前と以後に分けられると言えるほど、そのインパクトは大きかった。医学が机上の空論から抜け出し実証と実用の科学として発展していく道を、『解体新

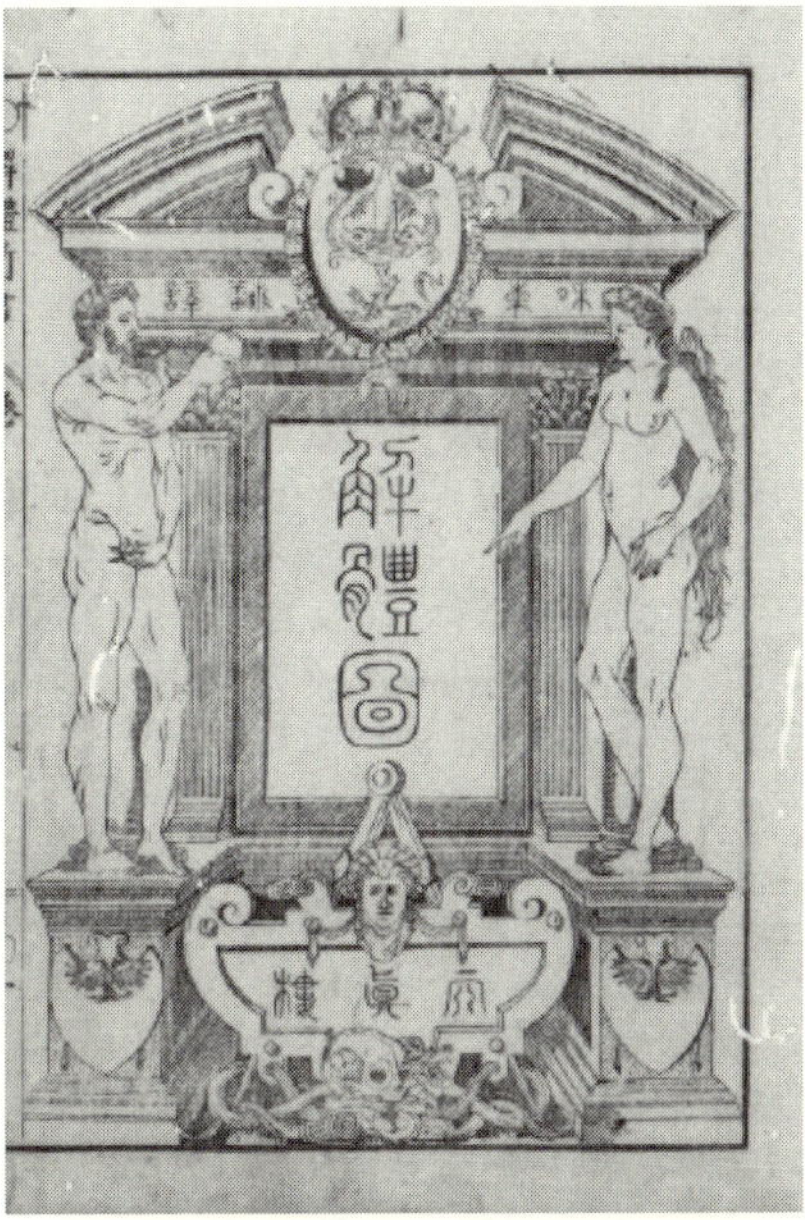

上：『解体新書』の解剖図中扉
下：『重訂解体新書』(1826年) の人体骨格図

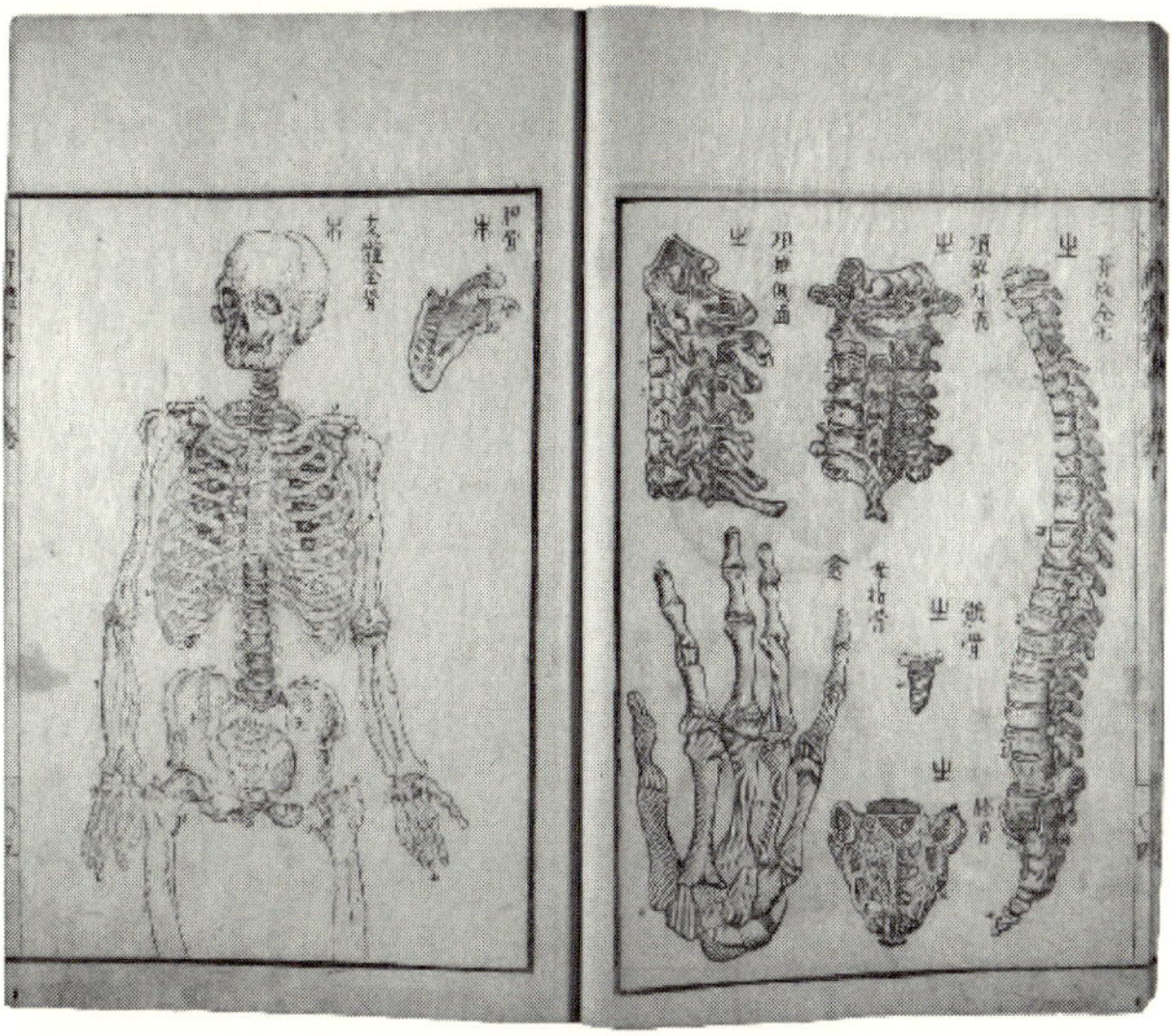

書』は開いてくれたのである。

『解体新書』を通じて新しい世界観に触れた日本の医学界には、世界的な業績を残す人物が続々と登場する。最も代表的なのは、華岡青洲による全身麻酔下での外科手術が挙げられる。西洋の医学界では、一八四六年にアメリカのハーバード大学のジョン・ウォーレンがエーテルを使って執刀した、首にできた腫瘍を取り除く手術が世界初の全身麻酔下での手術として知られている。だが日本では、華岡青洲がそれより前の一八〇四年に全身麻酔下での乳癌の手術を行っている。

青洲は東洋医学と蘭方医学の文献を広く読み漁り、特に切開、切除、縫合、消毒などの外科手術で研鑽を積んだ医師であった。しかし外科的な治療が必要な状況では患者の苦痛があまりにも大きすぎて、まともに治療が行えない事態がしばしば起こるため、青洲は患者の苦痛を軽減できる麻酔剤の開発に挑んだ。

母親と妻を実験に使い、母親は死亡、妻は失明というエピソードがあるほどの執念を見せた結果、通仙散と呼ばれる麻酔剤を開発した青洲は、一八〇四年に六十歳の女性患者に対し末期乳癌の摘出手術を行う。患者は手術の四か月後に亡くなったが、手術の二十日後には、遠く離れた故郷に戻れるまでに回復するなど、手術自体は成功したと言う。

日本の医学界は、青洲の弟子が残した製法記録に基づいて分析した結果、通仙散の麻酔効果には科学的根拠があると主張する。また手術記録がきちんと残っており、西洋の医学界でも、青洲が世界で初めて全身麻酔下での手術を行ったという日本の医学界の主張を肯定する動きもあるそうだ。

参考までに、青洲の通仙散の主な薬材として使われた植物は朝鮮朝顔と呼ばれる麻酔成分の強い薬草である。日本にはなかった外来植物で、十七世紀末に朝鮮を経由して伝来したことで付けられた名前だ。この朝鮮朝顔の花びらは、現在の日本麻酔学科会のロゴマークになっている。

精巧な人体骨格

『解体新書』では満足できず、それ以上のものを追求した医師もいる。解剖学に基づく医学教育には人体骨格の模型が非常に有用であるが、当時は医師であっても実物の人骨を所持することは禁止されていた。

広島の医師、星野良悦は腕前のよいことで評判が高かったが、叔母の下顎の関節脱臼をきちんと治せないという経験をする。星野良悦はその経験から、医師の本分を尽くすためには人体の構造を理解することが何よりも重要だと実感し、藩から特別の許可を得て死刑囚の解剖を行い、その結果を基にして人体骨格の模型製作に取り組む。そして一七九二年、腕のいい工人の助けを借り、三百日余りの製作期間を経て人体の木骨を完成させた。

日本の医学界が世界初の人体の骨格模型と主張する「星野木骨」の誕生である。

血管が通る骨の穴まで再現されているなど、実物に近く、精密かつ精巧に製作された星野の木骨模型は、のちに幕府に献上され、江戸で医学専攻者の研究及び教育に活用された。以後、各務文献が製作した「各務木骨」（一八一〇）、各務の弟子である奥田万里が製作した「奥田木骨」（一八一九）など、等身大の人体の骨格模型が次々と製作され、江戸時代の実証医学の発展に大きく寄与した。

ほぼ同時期の朝鮮はどのような状況だったのだろうか？　一七六四年、朝鮮通信使の随行員として選ばれ日本を訪れた朝鮮の医師、南斗旻《ナム・ドゥミン》は、北山彰という日本の医師に『蔵志』の解剖実験について説明されると、「切って知ることは愚かな人々のすることで、切らずに知ることは聖人だけができることだから、惑わされぬように」と戒めたそうだ。

さらに百年ほど経った一八八一年、紳士遊覧団（日本の先進の文物を視察するために派遣された視察団）の一員として日本の病院を見学した朝鮮の新進の官僚、宋憲斌《ソン・ホンビン》は、解剖図や解剖用の人形などを見て「実にぞっとする。これは仁術を施す者がすることではない。あまりにもおぞましい」と書き留めたとされる。もし『ターヘル・アナトミア』が先に朝鮮に伝わり、朝鮮の知識人が新しい世界観にさらされたとしても、朝鮮が科学的合理性に気づいて自ら変わった可能性は高くなかっただろうと思う。

第10章
時代を先取りした地図

昔から地図というものは権力の象徴、富の源泉、文明の尺度であった。西欧文明では地図製作者（cartographer）という単語が存在するが、それほど地図製作に意味を見出していたということである。

大航海時代、探検隊の最も重要な目標は、新しいルートを発見しその情報を図で記録することだった。「発見の時代」と呼ばれる十五世紀から十七世紀に、西欧文明の地図は飛躍的に向上している。羅針盤、望遠鏡、六分儀の登場で実測による精巧な作図が可能になり、地動説に基づく地球についての理解が進み、経度・緯度の座標システムと三次元情報を二次元の平面に移す投影法が発展した。これは地球の地理空間に関する情報を立体的に理解するという、発想の転換を意味する。

地図が精巧になればなるほど西欧文明は世界へ広がっていき、世界へ広がれば広がるほど西欧文明の地図はさらに精巧になっていった。近代の地図の発展は西欧文明を全世界に拡散する原動力となった。

地図は天文、地理を含めた科学的な思考が集約されたものである。ある国の時代別の地図を調べれば、その国が持つ科学技術の水準が分かる。朝鮮時代で最も有名な地図は金正浩《キム・ジョンホ》の〈大東輿地図〉（一八六一年に編まれた朝鮮全道の地図）だ。十九世紀末に、近代の作図法でない独自の方式で相当なレベルの地図を製作できたのは、（ヨーロッパ文明を除けば）朝鮮の科学技術の水準が当時の世界的な水準と照らし合わせても遜色がなかったことを示している。

朝鮮に〈大東輿地図〉があるならば、江戸時代の日本には〈伊能図〉がある。〈伊能図〉は、江戸後期に測量家の伊能忠敬が製作した日本初の実測地図で、正式名称は〈大日本沿海輿地全図〉と言う。

隠居後に始めた天文学の勉強

製作者の伊能は、もともと地図とは何の関係もない商人だった。一七四五年、出生当時の本名は神保三治郎で、一七六二年、十七歳の時に両親の死亡により小さな醸造所に壻養子として入り、伊能姓となる。伊能は明敏で優れた事業家で、傾きつつある小さな醸造所を軌道に乗せ、燃料（薪）の卸売商、米の仲介商などと事業を拡大し、富を築いた。

伊能は五十歳になる年に、長男に事業を譲って隠居する。その後、第二の人生を歩み始めた彼は、普段から関心のあった天文学を本格的に学ぶために住まいを江戸へ移した。江戸に行った彼は、当時、天文学の第一人者であり天文方（幕府の機関で天文観測や暦算を担う）の高橋至時の門下生となる。

三十代前半の高橋は五十代の伊能の頼みを聞いて、最初は老人の道楽程度だと考えていた。しかし入門後に昼夜を問わず天文学の勉強に励む伊能に深く感服した高橋は、伊能のことを推歩（星の動きを観測するという意味）先生と呼び、年齢を超えた厚い子弟関係を結ぶ。天文学に心酔した伊能は、高額の観測道具を購入し、江戸の自宅を天文観測所へと改造した。彼の天文観測は趣味のレベルを超えて専門家の領域に達し、日本で初めて、金星が日本の子午線（北極と南極を通る仮想の線）を通過する様子を観測して記録するという成果も出している。

測量マニアの伊能、歩いて蝦夷地へ

当時、天文方は暦を改正する業務を受け持っており、責任者の高橋は新しい暦、寛政暦を完成させたものの不満を抱えていた。当時の知識では、地球の大きさが正確には分かっておらず、その状態で暦を作らなければならなかったためだ。日本の科学者は、オランダから伝わった知識により地球が丸いということは理解していたが、子午線一度の距離が確定できず意見がまとまらない状況だった。より正確な暦を製作するためには、地球の大きさを正確に知る必要があると天文学者たちは考えていた。

伊能はこの問題に対する解決法を思いつく。普段から天文観測が最大の関心事であり趣味であった伊能は、距離を知りたいなら測量をすればいいと考えた。「地球上の二地点から空を見上げた時に北極星が観察できる角度を測定する。その角度の差を比較すれば緯度の差が分かる。測定地点間の距離が正確に分かれば、緯度の差を代入して地球の外周を計算することができる」という伊能の発想に、当代最高の科学者である高橋も同意した。ただ、この構想には一つ難点があった。

観測の誤差を減らすためには、北極星の観測地点間が大きく離れていなければならず、またその距離を正確に測らなければならない。このままだと「猫の首に鈴」で終わってしまう机上の空論のように思われたが、伊能の考えは違っていた。測量マニアの伊能は、自ら江戸から日本の北端、蝦夷地まで歩いて、その距離を実測しようと決心する。この決心が人類の文明史に残る偉大な地図の誕生につながるとは、伊能自身も気づいていなかっただろう。

膨大なる測量旅行

当時の北海道は、幕府の許可がなくては足を踏み入れることのできない禁断の地であった。そこで高橋・伊能の師弟は、地図製作を名分としてかかげることにする。十八世紀末以降、北海道方面はロシアの接近により幕府が神経を尖らせている状態だった。北海道の東端に位置する根室にロシア特使が来て通商を要求してきたり、北側の沿岸一帯にロシア人が無断で上陸する事件が発生したりしていたのだ。国防の観点から、北海道一帯の正確な地図を製作する必要性を感じていた幕府は、高橋と伊能に北海道の測量を許可する。

一八〇〇年、伊能は北海道を目標地点として江戸から測量旅行に出る。伊能は五十代半ばであった。合計九人で構成された測量隊は四月に江戸を出発する。五月に北海道に到着し、八月まで海岸一帯の測量を実施して十月に江戸に戻るという、合計六か月の旅だった。測量期間中は、昼に平均四十キロメートル移動して測量を行い、夜には天文観測の記録をつけるという強行軍だ。伊能は測量旅行の間、毎日のように日記形式の記録を残している。江戸に戻ってから、三週間かけて測量データを基に地図を製作し、十二月に幕府へ提出した。

伊能の地図の正確性と緻密さに感嘆した幕府は、伊能の功を称え、東日本全体の地図を製作するよう伊能に依頼する。地球の大きさを計算するために出かけた実測旅行が、伊能自身も知らなかった、地図製作の天賦の能力を引き出したのである。

これをきっかけに、伊能は本格的に全日本を回る測量旅行を始める。一八〇〇年の第一次測量から一八一六年の第十次測量まで、十七年にわたる執念の大旅程が続き、最後の旅行となった第十次の測量から戻ってきた時、伊能は古希を超えていた。

一八一七年、第一次測量で収集できなかった北海道沿岸の測量データを、弟子の助けを借りて得た伊能は、それまでに集めたデータを基に全日本地図の製作に着手する。それぞれのデータから地域別の地図を製作し、これを一つにつなげる作業だ。伊能が関心を持っていたのは、日本列島の海岸線をできる限り正確に紙面に写し取ることだった。正確な海岸線はすなわち、正確な日本の姿と大きさの具現化を意味する。伊能はそのために曲面の位置情報を平面に移す誤差補正の計算法も考案した。近代ヨーロッパの地図の投影法に匹敵する発想であった。

残念なことに伊能は日本全図の完成を見ることなく、一八一八年に病でこの世を去る。残りの作業は、伊能の愛弟子によって続けられた。伊能が亡くなって三年、待望の〈大日本沿海輿地全図〉が完成し、一八二一年七月、江戸城で幕府の高位官僚らが見守る中、地図が公開された。伊能が苦しい旅を厭わず、一歩一歩、歩いて測量した日本の海岸線がリアルに表現された地図が広げられるや、人々は目を疑い、呆然とする。三万六千分の一縮尺の大図二百十四枚、二一万六千分の一縮尺の中図八枚、四十三万二千分の一の小図三枚で構成された地図は、その規模と正確性において、当代のものとはとても信じられないレベルであった。

あまりにも正確な地図に驚いた幕府は、伊能の地図を幕府の公式な文書保管所である紅葉山文庫に秘蔵し、外部への流出を禁止した。地図の戦略的な重要性をよく知っていた幕府としては、このように子細に描かれた地理情報を一般に流通させるわけにはいかなかったのだ。伊能の地図は、西洋が東に勢力を拡大してくる一八六〇年代まで幕府以外の一般による使用が封印された。

地図の公開非公開とは別に、幕府は伊能の功績を高く評価し、相応の待遇をした。幕府は第一次蝦夷地測量の翌年、伊能忠敬と景敬の父子に苗字帯刀の許可を与えた。また幕府は伊能が測量旅行に出るたびに、公務旅行用の通行証を発行し所定の旅費を支給している。地図が完成した後は、孫の忠誨に俸禄が与えられ、江戸には私宅が供された。伊能の功績に対して、幕府は後々まで栄誉と褒賞で報いたのである。

伊能図の正確性の秘訣

伊能の地図の正確性は驚異的だが、その正確性には秘訣がある。第一には、伊能の天文学の知識だ。同時代に作られた他の東洋の地図と伊能図が最も比較される点は、正確性ではなく、その根底にある地図に対する認識である。当時の中国と朝鮮の地図は、「天は円く地は方形である」という天円地方という思想と、四方を一定の区画に分けて地理情報を表示する方格法に基づいて作られていた。地理を哲学、思想、観念と分離させることができず、近代の地図の要である緯度経度の概念がなかったのである。

それに対し伊能の地図は、科学的思考に基づいていた。そもそも測量旅行に出た動機が子午線弧の長さを計算するためであり、伊能は球体としての地球や緯度経度の座標の概念など、近代の天文・地理学に即して地図を製作していた。軍隊で読図の方法を習った人なら分かるだろうが、地図を使用する際に最初に必要となるのは現在位置の把握だ。これは言い換えれば、地図の製作者が各地点の位置を把握しつつ地図を製作したということである。

伊能は、地表面での実測も重要だが、測量の結果が正確かどうかを確認することが何よりも重要だと考え、そのために天文学の知識を用いた。太陽と主な天体の高度や動きを観測し、地表面の地形や地物《ちぶつ》（主には高い峰）を利用して現在位置を確認する三角測量方式を考案し、繰り返し測量結果を検証して補正を行った。また、これを緯度と経度の座標として設定し、地図に反映させた。

伊能の日記には、全部で三千七百五十四日の測量期間中のうち千四百四日も、日に数回から数十回に達する天文観測の結果が記録されているそうだ。このような科学的な方法による測量を行い、伊能が計算して出した緯度一度の距離は、現代の測定値との誤差が千分の一に過ぎないと言う（伊能が考案した、天体観測を通じた地図製作の科学的な方法論に関する説明を読んだが、正直に言うと、文系出身の私には理解が難しかったことを告白しておく。伊能の天文学に関する知識と地図製作に対する理解は、現代の一般人のレベルを超えていた）。

正確性の第二の秘訣は、日本の測量技術である。江戸時代に入って経済が繁栄し、日本では様々な道路、運河、城、水道建設などの大規模な土木工事が頻繁に行われていた。このような事情が、各種地形や地物の距離、角度、高さなどを測定するハイレベルな測量技術の蓄積につながった。先に述べたとおり伊能は地図製作の専門家ではない。それにもかかわらず、決心してすぐ実行に移せたのは、伊能が商人の頃から村の堤防や道路建設などの公共土木事業に関わり、測量の基礎を知っていたためだ。

伊能は導線法という測量法を使った。導線法というのは、測量地点にポールを立てておき、次の地点にもポールを立て、ポール間の距離と角度を記録するものだが、このためには測定地点間の距離、角度、方位、傾斜度などを正確に測定する道具が必要になる。当時の日本では、このような用途の計測機器の実用化・商用化が進んでいたのだ。伊能はこうした器具を購入し、必要が

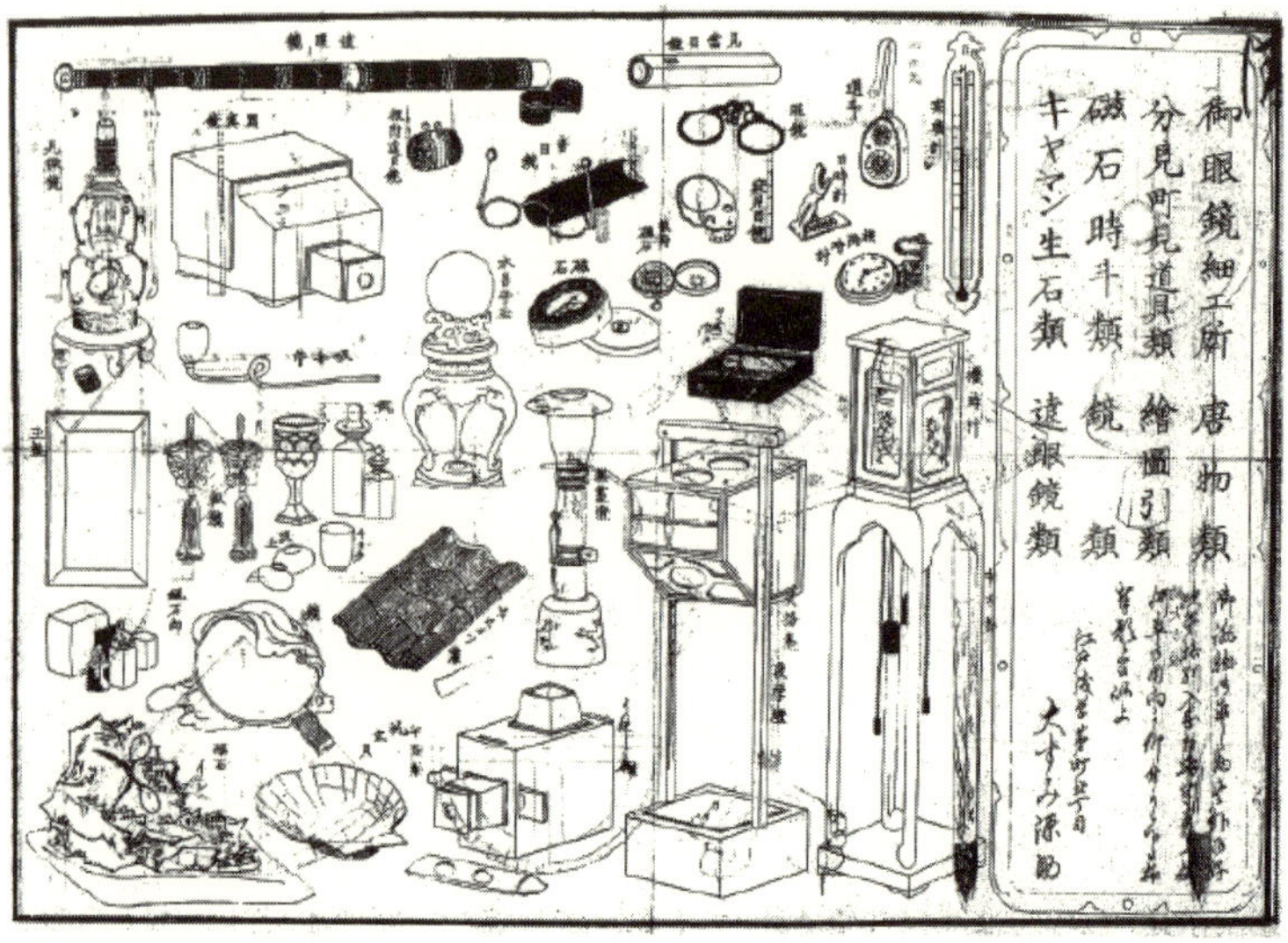

江戸後期、大隅源助商店のチラシ。温度計、羅針盤、角度計、眼鏡、望遠鏡、和時計など、当時としては最先端の計測機器を専門に取り扱っている

あれば一部改良して用いた。江戸にいる優秀な専門技術者と協業して必要な道具を購入あるいは製作して使用できたことが、伊能図の製作を可能にした。

第三の秘訣は伊能自身の執念である。天文学の知識がどんなに豊富でも、優れた測量技術を持っていたとしても、実際に現場に出て測量しなければ意味がない。日本の国土面積は大きくはないが、海岸線が非常に長く複雑な形状をしている。現代の技術で測定した日本の海岸線の総延長距離は三万三千八百八十九キロメートル、これは地球の外径（約四万キロメートル）の八十五パーセントにも当たる距離だ。

このような海岸線の全貌を、一人の人間が両足だけを頼りに実測して地図に表すというのは、普通の人にとっては想像もつかないほど困難なことである。

平均寿命が四十歳だった時代に、伊能は五十を超えてから全日本の海岸線を実測するという挑戦に臨み、皆が不可能だろうと考えたその挑戦に成功した時には、七十歳を超えていた。

年齢というのは数字に過ぎないということを証明した伊能の執念と生涯は、ある意味、百年の人生が与えられる現代人にこそ、より大きな感動の響きを伝えてくれるのかもしれない。年齢に囚われず、ひたすら学習に精進し、自ら与えた使命感により偉業を成し遂げた伊能の生涯は、明治時代には科学的思考、勤勉、忍耐のストーリーとして初級の教科書に収められ、日本社会に広く知られた。今でも伊能は日本人が最も尊敬する偉人の一人であり、見習いたい人生の鑑として、日本人の精神世界でその存在感を示している。

第11章
辞典で西欧文明と言語の通路を切り開く

一七七四年の『解体新書』刊行は日本の知識人社会における一大事件だった。それまで西欧の文化と言えば、物の形で接するか、対話を通じて断片的な内容を把握する程度に過ぎず、西欧の「本」は絵に描いた餅でしかなかった。本に描かれた絵やほんの少し知っている単語を通じて推測するだけで、知識の宝庫たる本を、知識の吸収にほとんど役に立たせることができずにいたのである。

そのような状況で『解体新書』が刊行されると、蘭学者の間では「翻訳」に対する欲求が高まった。当然ながら、以前から西洋の文字の意味さえ分かればその知識を得られることは理解していた。にもかかわらず『解体新書』以前に翻訳書がなかったのは、「辞典」がなかったからである。

ゼロから一を作る挑戦

日常会話のレベルを超え、外国語を正確に理解するためには辞典が必須だ。『解体新書』の刊行をきっかけに、蘭日辞典の必要性を痛感した志ある蘭学者がこれに取り組む。

当時、蘭学は長崎と江戸を中心に行われていた。長崎ではオランダ人と直接対面しながら流暢なオランダ語を駆使する通詞（翻訳官）が蘭学の伝播の一翼を担っており、一方、江戸では医師を中心にした知識人たちが、オランダ語の実力は長崎に及ばずとも蘭学を学問的な観点から懸命に研究していた。

　このうち、江戸の稲村三伯がオランダ語辞典の編纂に果敢に挑戦する。江戸の蘭学者は、書籍から知識を吸収する必要性が高く辞典に対する欲求が切実だった。三伯はもともと医者で、江戸の蘭学界のスター、大槻玄沢の『蘭学階梯《らんがくかいてい》』に接して蘭学の研究にのめり込み、その過程で辞典編纂の夢を抱くようになる。

　実際には、三伯の前にも蘭日辞典編纂の試みはあった。当時、語学レベルが最も高いことで知られた長崎通詞の西善三郎がオランダ語辞典の編纂に着手したが、志は果たせなかった。数万語に達する単語の内容を把握するのも大変だが、アルファベット順で並んでいる（一種の）データベースがない状況で辞典を発刊するというのは、一個人にとってはあまりにも長大な時間が必要とされる作業だった。三伯はこれを避けるための時間短縮の糸口を見つける。玄沢がオランダ語の教師として江戸に招聘した長崎通詞の石井庄助から『蘭仏辞書 Woordenboek der Nederduitsche en Fransche Taale』を紹介され、この辞典を活用して蘭日辞典を編纂することにしたのだ。

『蘭仏辞書』というのは、フランス人のフランソワ・ハルマが執筆し、一七〇六年に初版が、一七二九年に第二版が刊行されたオランダ語―フランス語の辞典である。オランダ語をフランス語で説明している辞典を使って日本語の辞書を作るという発想は、ちょっと理解しづらいかもしれない。オランダ語も分からないのにフランス語で解釈されている辞典が何の役に立つのかと、疑問に思うだろう。

　ではそうなった背景を説明しよう。オランダには十九世紀の初めまで国語（オランダ語）辞典がなかった。十八世紀全般にわたってフランスの影響下にあり、国語辞典を発刊できなかったのだ。オランダ語の辞典があったなら、日本の蘭学者はそれを基に蘭日辞典を作ることを考えただろうが、オランダ語の辞典がないので困っていたわけだ。その時にオランダ語辞典の代用として目をつけられたのがフランソワ・ハルマの『蘭仏辞書』だった。ハルマの『蘭仏辞書』にはアルファベット順でオランダ語の見出し語が並んでおり、それぞれの言葉には最初にオランダ語で単語の意を説明する注釈が書かれており、その次に本文として該当するフランス語の説明が載っていた。このような独特の体系は、当時オランダ語辞典がなかったという事情に起因する。オランダ人もこの辞典を国語辞典の代用として使っていたと言う。

　三伯はここからフランス語を除いて、オランダ語の見出し語とそれについているオランダ語の注釈を活用して蘭日辞典を作ったのだ。辞典の編纂には、三伯の志に同調する宇田川玄随、岡田甫説ら同僚の蘭学者が一緒に参加した。十三年にわたる編纂作業の末、一七九六年に日本初の蘭和辞典として知られる『ハルマ和解《わげ》（波留麻和解）』が誕生する。

　一七九六年の初版原稿の完成後、二〜三年で三十部余りが刊行され、江戸の蘭学界に普及した。約六万の膨大な見出し語を収録しているが、単語の説明の水準はそれほど高くはなく、現代で言えば語彙集ないし単語帳程度のものであった。しかしそれだけでも、江戸の蘭学界の研究は大

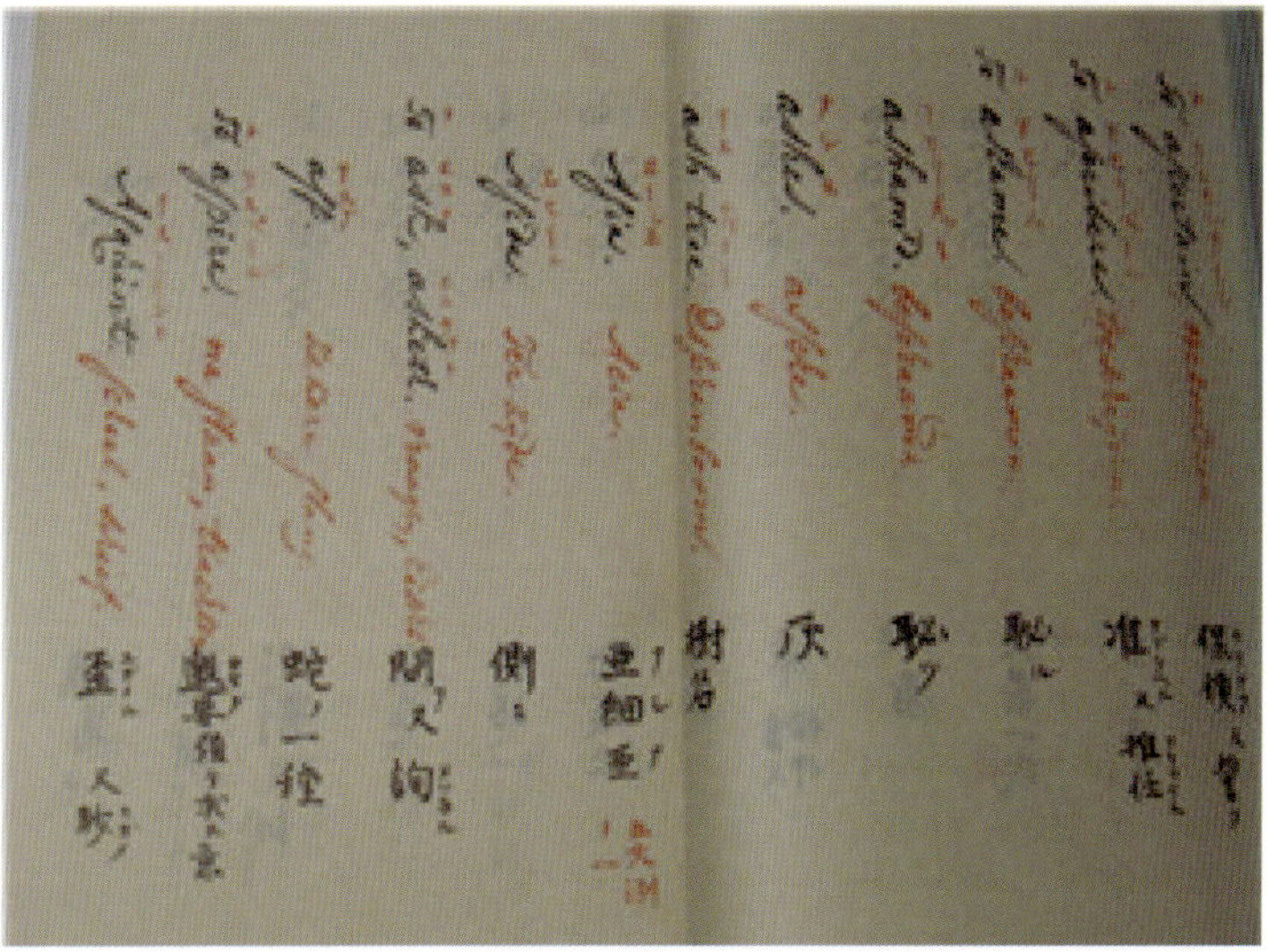

日本初の英和辞典『諳厄利亜語林大成』（本文 p.148）

江戸時代の銭湯の様子を描いた浮世絵。手拭いを使い、華やかな浴衣を着ている（本文 p.161）

18 世紀の江戸、新橋の通りの様子。立ち並ぶどの店にも暖簾が掛かっている。歌川広重の『名所江戸百景』より　（本文 p.162）

歌舞伎俳優の派手な服装を再現した浮世絵　（本文 p.166）

江戸の女性たちの華やかな服装を描いた浮世絵
菊川英山作
（本文 p.166）

江戸小紋を巧みに表現した浮世絵。離れた所から見ると無地に見えるが、近くで見ると細かい柄が入っている　（本文 p.170）

茶聖と呼ばれた千利休（1522 ～ 1591 年）の肖像画
（本文 p.175）

左：初期の伊万里焼の茶器。右：焼物の神様、李参平の碑　（本文 p.176）

図典出処 https://ja.wikipedia.org/wiki/ 李参平

左：柿右衛門様式の壺（17 世紀末）
右：鍋島焼（17 世紀末または 18 世紀初頭）
（本文 p.180）

ウィーン万国博覧会に出品された明治伊万里様式の有田焼
（本文 p.185）

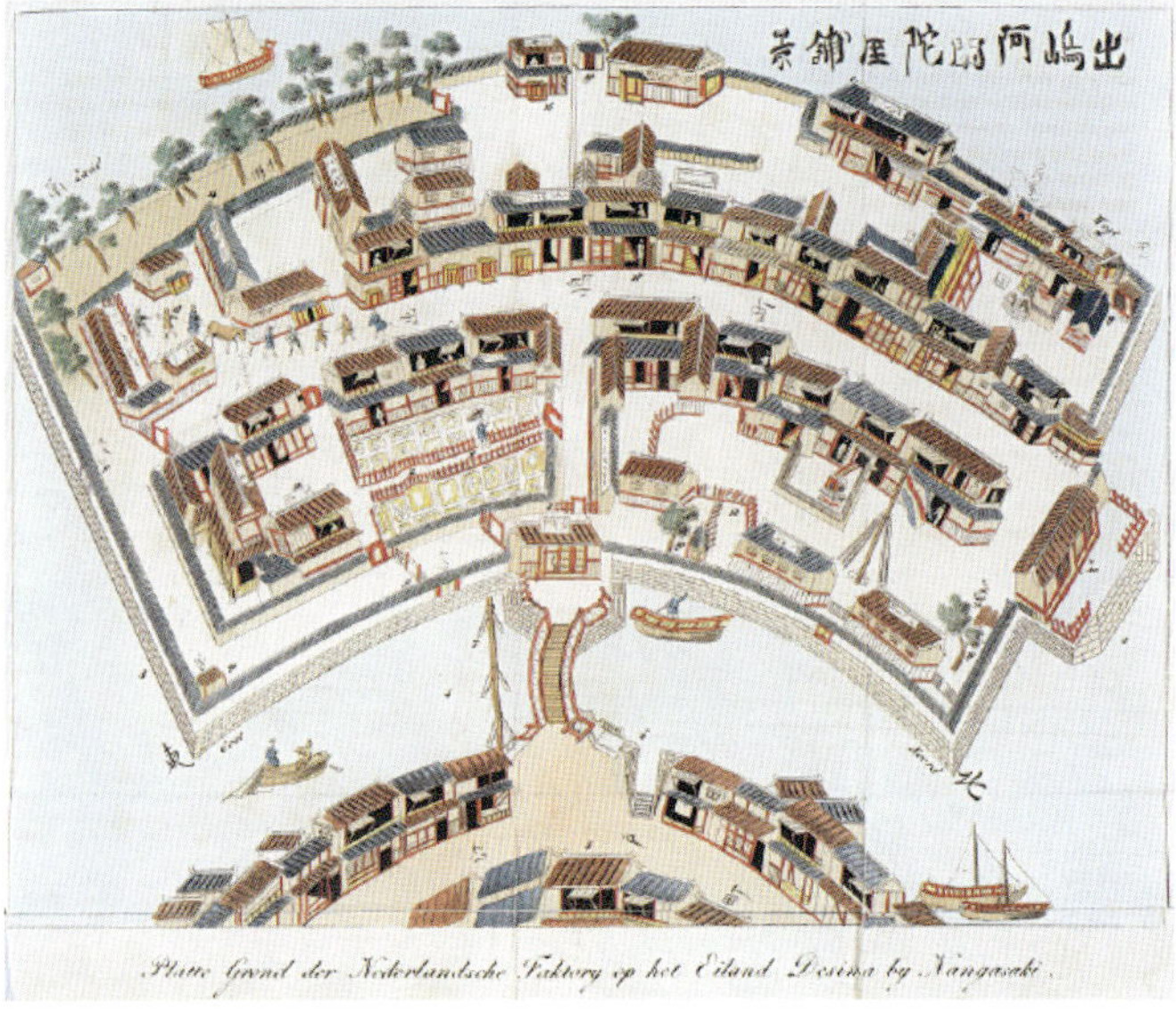

出島商館。1824 年あるいは 1825 年に描かれた出島の鳥瞰図。翼の形をしている　（本文 p.208）

慶長小判。金八十五·七パーセント、
銀十四·三パーセントの高品位の
貨幣である　（本文 p.218）

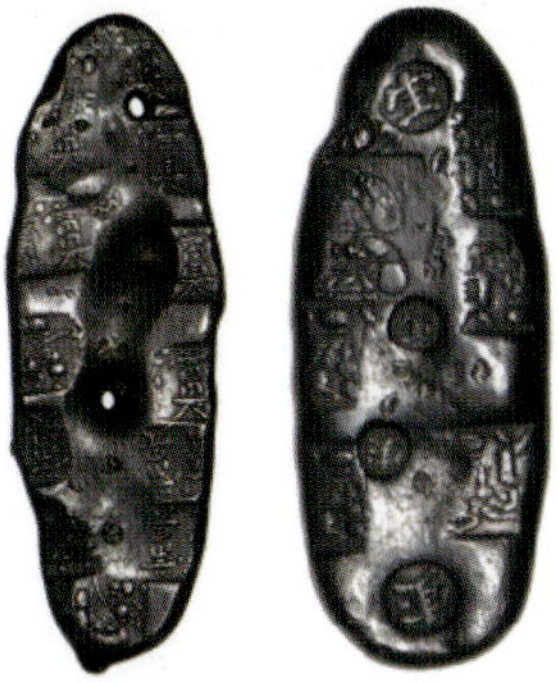

江戸時代の銀貨、慶長丁銀（左）
と、四ツ宝丁銀（右）
（本文 p.217）

寛永通宝。1636 年に鋳造され、
幕末まで流通した　（本文 p.217）
図典出処　https://ja.wikipedia.org/wiki/ 寛永通宝

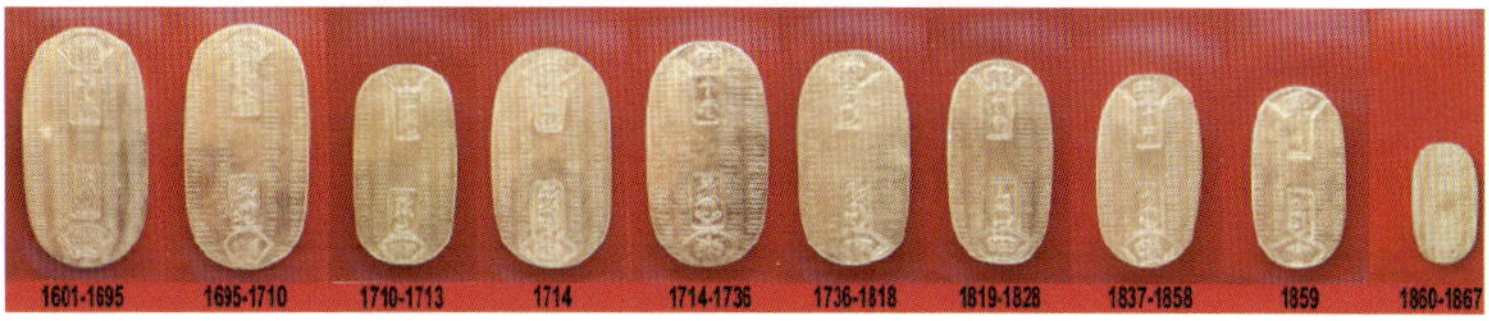

慶長小判（1601 年）、元禄小判（1695 年）、宝永小判（1710 年）、正徳小判（1714 年）、享保小判（1714 年）、元文小判（1736 年）、文政小判（1819 年）、天保小判（1837 年）、安政小判（1859 年）、万延小判（1860 年）（本文 p.219）
図典出処　https://ja.wikipedia.org/wiki/ 小判

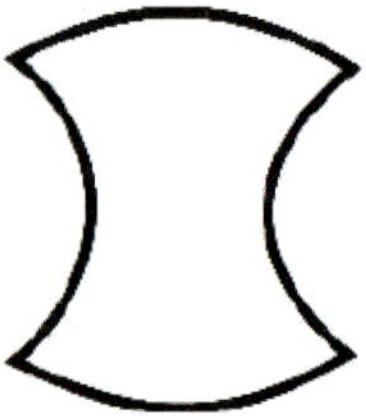

左：江戸時代の両替商の看板　（本文 p.227）

図典出処　https://commons.wikimedia.org/wiki/File:Asa_ga_Kita_(14).JPG

右：円形の左右が削れたマークは、今でも 1 万分 1 地形図で銀行の記号として使われている　（本文 p.227）

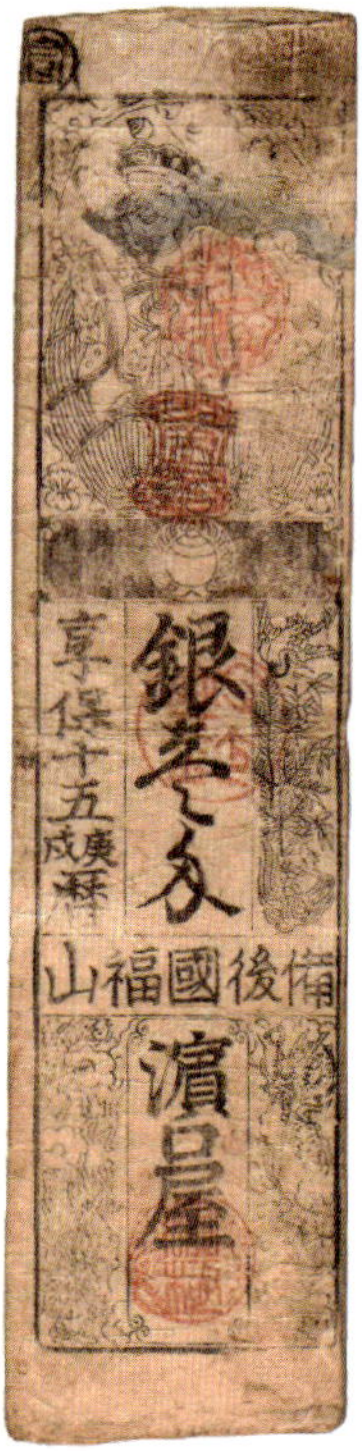

備後国、福山藩で享保 15 年（1730 年）に発行された藩札。額面は銀 1 匁、発行した濱口屋の名前も読み取れる（本文 p.236）

きく弾みをつけ、『ハルマ和解』刊行以降、江戸で西洋の様々な書籍の翻訳書が続けて出版され、江戸の蘭学は隆盛を極める。

日本の蘭学者の宝物、『ドゥーフハルマ』

さらに本格的な蘭日辞典の編纂は江戸幕府によって推進される。幕府は西洋言語の重要性に気づき、一八一一年に幕府機関の天文方の付属機関として、洋書の翻訳を担当する蕃書和解御用を新たに設け、有能な蘭学者を翻訳官として委嘱した。蕃書和解御用は翻訳のレベルを高めるための本格的な辞典の必要性を強く感じ、出島商館長であり日本語に堪能なヘンドリック・ドゥーフに蘭日辞典の編纂を依頼する。

当時のヨーロッパはフランス革命とナポレオン戦争で混乱しており、オランダはバタビア共和国というフランスの衛星国になっていた。混乱のさなか、オランダの東インド会社は一七九九年に解散され、フランスと敵対関係にあった英国が強力な海軍力を背景に東南アジアのオランダの植民地を接収し始めると、東南アジア一帯に拠点を置いて活動していた東インド会社の人々は本国の庇護を受けることなく、自力で生き抜かねばならない状況に置かれた。

ドゥーフもやはり一八〇三年に渡日した後、あてもなく帰国の日を待つ身だった。ドゥーフにとっては不幸なことだったが、日本にとってはこれが幸いした。一八一二年、幕府の依頼を受けたドゥーフは長崎通詞の協力を得て辞典の編纂作業に取り掛かる。彼の優秀な語学力のおかげで、翻訳は速いペースで進んでいった。しかしA~T項まで翻訳が進んだ一八一七年、ヨーロッパの情勢変動によりドゥーフが突然本国に帰国し、翻訳作業は暗礁に乗り上げる。長崎の通詞が作業を引き継いだが、仕上げの作業にはなんと十六年もの年月を要し、一八三三年になってようやく初稿が完成した。

ドゥーフが主導したこの辞典の正式名称は『通布字典』だが、一般的には『ドゥーフハルマ』として知られている。『ドゥーフハルマ』も『ハルマ和解』と同じくフランソワ・ハルマの『蘭仏辞書』第二版をベースにしており、フランス語を除いたオランダ語の見出しと注釈の説明を活用して編纂された。そのため江戸で作られたフランソワ・ハルマの翻訳本を『江戸ハルマ』、長崎で作られた翻訳本を『長崎ハルマ』と呼ぶこともある。

『ドゥーフハルマ』は約五万の見出し語を収録しており、詳細な説明と例文を記載した五十七巻、三千ページほどの膨大な辞典である。『ドゥーフハルマ』の草稿を受け取った幕府は、西洋の知識の広がりを恐れ、印刷ではなく筆写本だけを約三十部製作し、配付先も幕府と一部の藩に限った。志ある蘭学者が、西洋の攻勢に備えるためには相手を知らねばならないと幕府の説得を試みたが、幕府は正式な刊行に消極的だった。この本は、一八五三年にペリー提督の黒船が来航した翌年の一八五四年になってようやく正式な刊行が許可された。

『ドゥーフハルマ』は蘭学研究者にとってなくてはならない知識の宝庫であった。幕府が配付を統制している時期にも、互いに先を争って入手しようしていた。このため非公式な写本が作られて流通したのだが、『ドゥーフハルマ』を入手した私塾とそうでない私塾との間で、門下生の応募に大きな差が出たりもした。非常に高価な本であったため、これを持つ私塾は外部の求めに応じて写本を作って販売し、運営費に充てたとも言う。

幕府の陸軍総裁として明治維新で大きな役割を果たした勝海舟に、この辞典にまつわるエピソードがある。海舟が若く貧しかった頃、彼は家一軒の値段に相当する十両という大金を出し、ある医師から一年の契約で『ドゥーフハルマ』を借りた。そして一年間、寝る間も惜しんで、薄い紙を重ね、にじまないインクでコピーするやり方で写本を二セット作り、一つは自分が持ち、もう一つは借りた十両の何倍もの値段で売って、その利益で勉学を続けたと言う。

明治維新の仲裁者と呼ばれる勝海舟も『ドゥーフハルマ』を筆写して勉強した

福沢諭吉も自叙伝の中で、自身が通った大坂最高の蘭学塾、適塾に『ドゥーフハルマ』が一セットしかなく、門下生が一度でも多く辞典を見ようと、夜中まで寝ずに競い合っていたと回顧している。それほどまでに『ドゥーフハルマ』は、日本の蘭学徒にとって貴重な存在だった。

日本で最初の英和辞典

江戸時代後期、外国語の辞典の発刊に関して触れないわけにいかないのが、日本初の英和辞典と呼ばれる『諳厄利亜《あんげりあ》語林大成』だ。辞典の編纂の背景には、ヨーロッパ情勢の変化による幕府の危機意識の高まりがあった。

一八〇八年八月、長崎港近海にオランダ国旗を掲揚した一隻の船が現れる。入港手続きのためにオランダ商館員と通詞が船に近づくと、船の乗組員が突然、オランダ商館員の二人を捕らえ、オランダ国旗を降ろして英国国旗を掲揚した。武装したまま長崎港に侵入し騒ぎを起こしたこの船は英国のフェートン号で、東南アジア一帯のオランダ船を拿捕する任務を与えられた軍艦だったのだが、偽装のためにオランダ国旗を掲揚し長崎港に近づいたのだ。

これに驚いた長崎奉行が人質の釈放を求めたが、フェートン号は拒否し、水や食糧、燃料の補給を要求するなど、敵対行為をやめなかった。日本側はフェートン号を撃沈しようとするものの、当時、長崎の警備の任を引き受けていた佐賀藩兵には十分な装備がなかった。日本側が要求を聞き入れてからやっとフェートン号は長崎を出ていった。

この事件で屈辱を味わった幕府は激しい衝撃を受けることになる。また後遺症も大きかった。異国船の侵入に十分に対応できなかった罪を問われ、長崎奉行と、幕府直轄令の警備兵力を勝手に減らしていた佐賀藩の重臣数人が切腹し、佐賀藩主は百日の閉門処分を受けた。

幕府は、好戦的な異国船の出現を機に英国を警戒するようになり、長崎通詞に英語とロシア語を習うよう指示する。ロシア語が含まれたのは、当時の商館長だったドゥーフが言い繕った嘘も影響を及ぼしていた。ドゥーフは、オランダがフランスの支配下に置かれたことが知られると自分たちの独占していた貿易が危うくなるため、その事実を隠そうとして、英国はロシアにそそのかされて長崎の防備態勢を試すために来たのであり、オランダ船舶を拿捕するために来たわけではないと、嘘の報告をしたのだ。

フェートン号事件が起きる一年前に、すでにロシアの軍艦がサハリン付近の島で威嚇行動を取り、通商を要求してきたことがあったため、幕府はドゥーフの話を信じた。幕府は、当時ロシア人が送ってきた文書がフランス語で作成されているのを見て、長崎の通詞にフランス語を学ぶよう指示を出している状況だった。ロシアに対する警戒心が高まっていたため、幕府はドゥーフの報告には信憑性があると判断し、通詞に英語とともにロシア語の学習も命じたのである。これで、オランダ語、フランス語、英語、ロシア語の四つが、幕府の命によって通詞が習得しなければならない外国語となった。

英語を学ぶようにと指示を受けた長崎の通詞は、英国に住んだことのあるオランダ人商館員のヤン・コック・ブロンホフから英語の特訓を受ける一方、一八一一年に英語の基本体系と基礎語彙、対話の例文などを整理した『諳厄利亜国語和解』という本を発刊する。これを日本初の英和辞典だと見る向きもあるが、この三年後の一八一四年に発刊された、約六千の見出し語に品詞などを区分して収録した『諳厄利亜語林大成』を最初の英和辞典と見るのが一般的だ。

西洋の勢力に対する幕府の警戒心が外国語学習の動機になったという点を考えると、各種の外国語辞典あるいは学習書の製作は、「彼を知り己を知れば、百戦して殆うからず」を実践した結果と言えよう。

近代化を促進した言語の通路

西洋言語の辞典を初めて作るというのは、それまでの漢籍を日本語に翻訳するのとは全く異なる次元の知的作業が要求される。表意文字と表音文字という違いもあるが、何よりも西洋の言語で表現された概念を日本語に移すためには、その概念を理解しなければならないためだ。

例えば『諳厄利亜国語和解』では「handkerchief」が「鼻拭き」と訳されている。日本には存在しない物も、その用途を把握し適切な対訳語を作ったのである。物以上に観念的な単語については、さらに悩みが深くなる。「Liberty」を「自由」、「economy」を「経済」、「physics」を「物理」、「chemistry」を「化学」と翻訳したことから分かるように、日本にないものを翻訳するために、辞典の編纂者は西洋の概念を受け入れた後、それらを自国語に変容させる言語の再創造の作業に没頭した。

最初にこのような任務が与えられた人々の立場からすると、単語一つ一つが文化の衝突であり、文明の移譲であっただろう。日本の近代化の過程において、翻訳は特別な意味を持つ。日本の近代化は、西欧の観念を日本の観念に変換し内在化する過程と言えるからだ。開港後に成し遂げられた日本の急速な近代化は、それより百年も前から、あまたの知識人の苦悩が込められた「言語の通路」があったために可能だったのだ。

言語の辞典は必要の産物なので、翻訳の方向性に意味がある。つまり英和辞典は日本語話者が英語を勉強するために必要な辞典であり、和英辞典は英語話者が日本語を勉強するために必要な辞典であるということだ。

日本で最初の和英辞典は、一八六七年にアメリカの医療宣教師、ジェームス・カーティス・ヘボン博士が編纂した『和英語林集成』の初版である。英語書名は『A Japanese and English Dictionary: with an English and Japanese Index』であり、一般的には『ヘボン辞書』として知られている。

非ヨーロッパ語圏の言語辞典は、先にヨーロッパ人が該当言語の辞典を作ることが一般的で、これは文明の移動方向に関係している。日本の場合も、最初に作られたヨーロッパ言語の辞典は、ポルトガル宣教師が一六〇三年に編纂した『日葡辞書』である。中国語は、スコットランドの宣教師ロバート・モリソンが主軸となって一八一五年から一八二三年の間に順次、刊行された『A Dictionary of the Chinese Language』が最初の中英辞典となる。この辞典はもとから英中辞典まで兼ねており、中国人が英語を勉強する際にも使うことができた。

たとえ近代の辞典の体系を整えられていなかったとしても、西欧人による和英辞典の刊行より五十年以上も前に、日本人が英語を習得するために英和辞典を作っていたというのは（ヨーロッパの攻勢とは反対の、守勢的な立場で編纂されたものとは言え）極めて例外的な事例と言える。

参考までに、韓国で最初の英語辞典は、アンダーウッドが編纂した『韓英・英韓辞典』である。朝鮮には適当な印刷設備がなく、一八九〇年に横浜で刊行された。アンダーウッドは序文で、英語に対する韓国語の辞典がなかったことが編纂の動機になったとし、来韓の数か月後から五年間、単語の収集を行い、韓英辞典はゲール、英韓辞典はハルバートの助けを借りて完成させたと、その編纂の過程を記している。

第12章

消費が主導する経済の力、繊維革命

繊維産業は近代化の尖兵である。十八世紀後半に英国で相次いで発明された機械式の紡織機と紡績機は、英国産の綿織物が世界市場を制覇し、英国が産業革命の主役としてのし上がる原動力になった。東アジアでも近代化の時期に最初に産業化が進んだのは繊維産業だ。十四世紀から十六世紀にかけて、東アジアは産業革命とは違った意味の「繊維革命」を経験する。革命の主役は木綿だ。綿織物は触感、繊細さ、機能性、生産性など、あらゆる面でそれまでの麻織物とは比較にならないほど優秀で、綿の普及は人間の衣生活を完全に変えてしまった。

十四世紀の中国、十五世紀の朝鮮、十六世紀の日本、それぞれ百年ずつ遅れて三国に木綿が普及した。日本で木綿が普及するのは東アジアで最も遅かったが、いったん木綿が導入されると、日本の綿産業の成長はあっという間に中国と朝鮮を圧倒する。江戸時代の綿産業の発達史は、当時の日本がどれほど緻密に組織化され、産業化に接近した社会であったか、最高の実証事例を提供してくれる。特に十七世紀以降、日本と朝鮮の綿産業の発達過程を比較してみると、両国間の格差が身に染みるほど分かってくる。

近世初期の東アジア貿易

江戸時代の綿産業を説明するためには、十五世紀から十七世紀にわたる東アジアの貿易動向を見ておく必要がある。国際貿易のためには交換手段が必要だが、当時、交換手段として最も好まれていたのは、中国で貨幣として通用する銀だった。十六世紀初頭に朝鮮で灰吹法という高収率の銀抽出の製錬法が開発されるが、これは国家機密に該当する最先端技術である。この技術が、朝鮮のお粗末な管理の隙を突かれ一五三〇年代に日本に渡る。密貿易商人が産業スパイとなって技術を習得、日本の商人がその価値を見抜いて彼らをスカウトし、銀生産に乗り出した（博多の豪商、神屋寿禎が一五三三年に朝鮮半島から慶寿と宗丹という技術者を招き、灰吹法により銀を生産する石見銀山を開発したのが、本格的な銀山開発の最初の事例と言われている）。

天下泰平の時代にあった朝鮮は、銀の開発にはあまり力を入れなかったが、日本は違ったのだ。当時は戦国時代、大名たちは武力闘争の渦中にあった。日本は銀鉱石が豊富なため、効率のいい銀抽出法が導入されると、銀山開発事業が大々的に展開されていった。戦に必要な戦略物資を、南蛮（ポルトガル）、中国、朝鮮などからの導入に死活を賭けていた大名は、良質の銀の確保を競い出す。但馬、生野、佐渡などを始め、全国的に金・銀山の開発が進んだ。金・銀の埋蔵量が豊富な日本は一気に世界最大規模の金・銀生産国となり、国際通貨を得た大名たちは国際貿易に本格的に参入する。

当時、日本の貿易ルートは大きく分けて南蛮貿易、日明貿易、日朝貿易の三つがあった。南蛮貿易は鉄砲などヨーロッパの新しい物や文化が流入するルートでもあったが、中国産の絹、綿、陶磁器を、ポルトガル人が日本から銀を得て売るという中継貿易の割合が大きかった。朝鮮との貿易も似たような状況で、釜山にある倭館では、朝鮮産の高麗人参とともに中国産の絹、綿が日本の銀と交換されていた。貿易構造としては一方的である。日本は一部の海産物、金、銀を輸出し、生糸、綿、硝石を輸入していたが、金、銀は輸出品と言うよりは実際には支払金であったから、日本は事実上、完全な貿易赤字の状態にあった。

贅沢品の絹や陶磁器とは違い、綿と硝石は戦略物資である。綿は機能性に優れた服地として戦闘力を向上させるものであり、何よりも火縄銃の火縄として使われていた。そして硫黄とともに火薬の必須原料である硝石は、日本国内で生産できる硫黄とは異なり、輸入に頼らざるを得なかった。

また、十六世紀末、ボリビアのポトシ銀山を筆頭に南米大陸で採掘された多量の銀がヨーロッパに流入し、ヨーロッパの銀の価格を暴落させたが、これは中国との交易にも影響を及ぼした。銀が最大の輸出品だった日本の対外交易条件も悪化したのである。

銀の代わりに産出量が増えた銅を輸出代金として使うこともあったが、銀の代わりにはなり得なかった。絹は贅沢品なので支配層が節約すれば済む。硝石は戦が減るにつれて需要も減ったため輸入代替も可能だ。しかし綿だけは違った。数十年間、綿の輸入を続け、日本社会ではすでに綿が欠かせないものとなっていたのだ。十六世紀も終わりに近づき、銀の大量流出と価値の暴落により打撃を受けた日本社会では、様々な綿製品を国産品に切り替えねばならない時期を迎えていた。

木綿の普及と資本主義の芽生え

木綿は一五四〇年代に琉球を通じ、薩摩を経て日本に伝来したという記録があるが、それなりの水準で栽培され始めたのは、戦国時代の終わりから江戸時代初めにかけての時期（十六世紀末から十七世紀始め）であった。朝鮮より一世紀以上、遅れを取っていたのだが、ひとたび木綿の栽培が本格化すると、日本の綿産業は恐ろしい速度で発展を遂げる。この過程で農業の商業化が進み、分業の原理が日本社会に深々と根を下ろしていくのだった。

江戸時代の初期、日本では貨幣も流通していたが、村落における徴税は相変わらず米を基本としていた。交換手段としての米には弱点がある。消費量は人口に比例して決まっているが、生産量は一定ではなく、価格（貨幣との交換比率）の変動が激しいためだ。凶作で産出量が減れば価格が上がり、豊作で増えれば価格が下がる。

江戸時代全般にわたって、一部の時期を除けば、農業生産力の増大で米の価格は右肩下がりの曲線を描く。一方で、綿織物に対する需要は右肩上がりの曲線を描いていた。ご飯は限られた量しか食べられないが、綿から作れる製品は無尽蔵だからだ。

生活水準が上がるにつれて様々な綿素材の製品が開発されるようになり、これが再び原綿に対する需要を増加させた。こうして綿は、米よりもさらに安定した価値を持つ商品となる。

全国流通網の発達により農村が商業圏に含まれるようになると、農民は節税対策を取るようになる。米の代わりに綿花を栽培し、綿花を売って貨幣を手に入れ、その貨幣で米を購入して納めることで税の納付額を減らせるのだ。

技術を習得して原綿から布を作れるようになれば、収入はさらに増える。改革マインドを持つ大名は、藩の財政健全化と人々の生活水準向上のために、あるいは参勤交代や天下普請の財源を用意するために、綿花の栽培を奨励した。春に種を蒔いて秋に刈り取る綿花の栽培期間は、米の栽培期間と重なる。米本位の社会で米栽培を放棄するのは容易なことではないが、貨幣流通に対する信頼がそれを可能にした。そして藩政府と農民の双方の利害関係が一致する中で、積極的に米栽培をやめて綿花栽培に移行する地域が増えていく。

資本主義の基本は、生産と消費が分離しており、貨幣を媒介としてつながっていることだ。綿花栽培に特化した農家は、自家消費ではなく販売を目的とした生産活動に従事する経済人口となる。これが江戸時代における資本主義の萌芽と呼ばれる、農業の商業化現象である。

綿織物は生産されるまでに数多くの工程を経る。綿花の栽培・収穫、原綿の生産、原綿を加工して原糸を作る紡績、原糸を織造して生地を作る紡織、生地を二次加工して付加価値を高める染色等々、様々な工程が存在する。

綿生産に特化した地域が拡大して生産量が増えると、効率を上げるために生産者の間では工程ごとの分化が進む。そうして一度も畑に出ていくことなく、家での作業に専念して生計を立てる家内制手工業の農家が次々と登場した。生産の代価が貨幣で払われるようになり、各経済主体の努力や能力によっては農村でも資本の蓄積が可能になった。農民が主体となって、あるいは商人との提携で家内制手工業から工場制手工業に発展する様相も見えてくる。このことは農民の経済観念および勤労意欲を刺激し、競争意識を芽生えさせた。日本では十八世紀にすでに農漁村単位で「成せば成る」「豊かになろう」（1970年代、韓国の経済発展に貢献した「新村《せまウル》」運動のキャッチフレーズ）という意識が育っていたのである。

綿の商品化は、そのほかの分野にも連鎖的に影響が広がり、生産から消費において、縦横に関係者がつながる産業形態を構築していった。綿花栽培には多量の肥料を必要とする。それまで使っていた糞尿や稲わらの堆肥などでは足りなくなると、干鰯という鰯の稚魚を干した魚肥が代替品として脚光を浴びるようになる。これは漁村に新しい経済的なチャンスを与えてくれた。扱う量があまりにも多く、漁村で生産された干鰯を農村で流通させるために、製造、運送、保管、販売の段階ごとに分化、専門化した商業ネットワークが個別に構築されるほどであった。

それから生地の染色に使われる藍や紅花の需要が増加すると、二次的な商業作物が新たな経済的チャンスを創り出す。藍を専門に栽培する農家、藍の抽出物を加工して染料を製造する業者など、二次、三次と次々に分業が広がっていく。各地域で生産された綿糸あるいは綿織物を大規模に流通させる専門の卸売商、拠点となる都市で消費者への流通を担う反物商など、分化と専門化がどんどん進んでいった。

ファッションの大衆化

江戸時代の経済のパワーを最もよく示してくれるのは「どのように生産されたか」ではなく「どのように消費されたか」だ。たとえ日本ほど商品経済が進展してはいなかった朝鮮でも、家内制手工業が登場するなど農村における生産分化の兆しはあり、綿布は農村の副収入源であり納税品として全国的に生産されていた。しかし消費の面から見ると状況は一変する。江戸時代の日本経済を特別なものにしたのは、生産ではなく消費である。より正確に言えば、消費を根本的に変化させた繊細かつ洗練された都市文明が、江戸時代の日本経済の本丸なのだ。

江戸時代は都市化の時代であった。しかも首都は一つではなかった。幕府の置かれた江戸、物産集散地の大坂、文化の古都たる京都、すべてが首都の性格を備えていた。歴史学者は十八世紀中盤の時点で、江戸の人口が百万、京都と大坂が三十万を超えていたものと推定している。名古屋や金沢のように十万を超す地方都市もあり、各藩には領主の居城を中心に人口二万から六万規模の都市化した城下町が全国に分布していた。それらすべての都市の中心は江戸である。全国の物産が集散する大坂も、文化の中心地として高級品の生産拠点となっていた京都も、江戸の消費によってその活力が支えられていた。幕府の置かれた地であり、全国のすべての大名が集まる人口百万の都市、江戸の消費は、日本経済を支える柱だったのである。

人間が限定された空間に密集すると、衣食住の各方面において互いを意識した様々な文化が発達する。「衣料革命」と呼ばれた綿織物の普及は、被服の文化に革命的な変化を起こした。都市化は、体を覆って寒さを防ぐという機能的な物から、美意識や個性を出す道具へと、衣服の用途を変化させたのである。商業の発達でお金が回ると庶民も流行に敏感になり、着飾ることにお金を使う風潮が生まれる。華やかな絹の服で身分を示していた上流階級の習性が、上流階級の専有物ではなくなり、庶民にまで広がる「ファッションの大衆化」現象が起きたのだ。

裕福な商人層を中心に、高級反物や華やかな着物に対する需要が高まると、呉服屋が都市商業の成長株として売り上げを伸ばし繁盛する。綿に対する需要が増えると、品質の向上に対する要求も高まっていくが、品質のいい綿を作ってくれれば高く買うという市場のオファーはいくらでもあった。

都市化は衣服以外にも綿素材の製品の新規需要を生み出した。代表的な物が手拭いだ。江戸には庶民が密集して居住しており、銭湯という公衆浴場があった。江戸の庶民が日に二〜三度も利用することがあるぐらい銭湯は江戸全域に広がっており、入浴の文化が大衆化し、体を拭く手拭いに対する需要が大幅に増加する。それに伴って浴衣が流行し、綿の需要は増え続けた。

手拭いは単なる生活用品ではなく、ファッション用品としての用途が増えていく。歌舞伎などの影響で、しゃれた文章や絵柄の入った手拭いをおしゃれのために服の上に羽織ったり、壁に掛けたりすることが流行った。

今日の日本の飲食店で壁にかけられているテキスタイル・アートは基本的に手拭いである。装飾用の小物としても使うが、従業員はその手拭いを頭にしっかり巻きつけて仕事をする。今でも日本では、飲食店に行けば最初におしぼり（韓国語で「水で濡らせた手拭い」と言う）が出され、旅館に泊まれば手拭いがもらえたりする。

日本は「手拭いの文化」の国と呼んでもいいほど、手拭いの活用度が高い。そして綿は寝具類の市場にも一大変化をもたらす。手触りがよく保温性に優れているという特性を持つ綿は、布団やそのカバー、枕カバー、座布団の市場にも食い込んだ。赤ちゃんのおむつや風呂敷など、布を使う生活用品は急速に綿に取って代わられ、綿の需要は増加するばかりだった。

「暖簾の文化」もある。暖簾とは区画を区分して出入りする通路に掛ける、一種のカーテンあるいは仕切り用の布である。江戸時代の住居は寝室、居間などそれぞれの部屋の独立性が保たれておらず、間仕切りのために暖簾を掛けておくのだ。

もともとは日除けあるいは出入口の表示などのために商店の入口に掛けられていた暖簾だが、商店が通りにずらっと立ち並ぶようになって競争が激しくなると、マーケティングの面で重要になってくる。商店の商号や模様が入れられた暖簾は、ブランドマーケティングの道具として、その商店を表す象徴となった。綿は染色時の色の出具合、表現性、耐久性に優れた素材であり、商人は先を争って、高品質の綿に好みの色とデザインを施した暖簾を注文・製作して、自分たちの象徴とした。

服地としての用途のほか、様々な生活用品としての用途が増えると、綿はデザインの対象になる。染色、意匠、図案が加わって差別化が図られ、個性を持つアートとなったのだ。綿にデザインを加える作業には、複数の専門家の手が必要になる。デザインを担当する専門家が紙に図案を描き、板刻の専門家がそれを基に木版を作り、最終的に染色の専門家が布を染めて完成させる。専門家どうしでの協力が必要な作業である。

一七八四年、物書きであり浮世絵師でもある山東京伝は、我こそはという江戸の染色職人を呼び集め、手拭合《たなぐいあわせ》を開催した。今風に言えばデザイン・コンテストだ。それぞれの職人集団が自分たちの名誉を懸けて、頭をひねって優れたデザインを考えた作品が展示されるわけだ。京伝はコンテストを何度か開催した後、出品された作品を集めて同名の記録集を残した。

「手拭合」は単純な記録ではなく、該当の作品を挿絵で入れ、製作者とデザインを紹介することによって商人と暖簾業者が互いに参考にし、注文・製作ができるように企画された商業用の冊子である（一種のカタログと言えるが、このような商業用冊子の発刊から、江戸時代における商業の発達の一面を見ることができる）。こうした都市化と商業化が進展する中で、文化・芸術的な欲求との相互作用を通じて綿は新たな市場を拡大していき、それに伴って職業の分化と専門化が進んでいった。

第13章

ファッションの流行と粋の文化

都市化と商業化の進展によって、華やかなファッションが流行し高級な反物の需要が増えてくると、生産技術の開発と改善に拍車がかかるようになる。伝統的な高級素材の絹と同じように綿も高級化していった。反物が華やかになるということは、布に色をつけて模様を入れることを意味するが、その技法には、製織、染色、刺繍の三種類がある。工場制手工業による反物の製造が一般的だった日本では、生産技術で差別化を図る製織と、染色による高級化が目立った。染色工芸の極致とも言うべき京都の京友禅、多彩な染色糸で巧みに製織する京都の西陣織、綿織物の高級化の可能性を切り開いた浜縮緬《はまちりめん》、大和絣など、地域を代表する繊維製品が市場にあふれ出ていく。

京友禅と西陣織は特に染色産業と相互に作用しながら、シナジー効果を生み出した。それまでは布をそのまま染料に浸す方式で染色していたのだが、染料の発展により部分的な染色が可能になったことで、京友禅はオフセット印刷や人が手描きで染める絵画的な技法を通じて、以前には見られなかった華やかで精巧な模様の反物を生産するようになった。

京友禅と西陣織を筆頭に、高級反物の産地である京都一帯は、豪華なテキスタイル産業のメッカとなった。江戸はこのような高級テキスタイルの消費の中心地だ。江戸に集まった大名は、交際や土産用として高級な反物を求めており、幕府も功労者への褒賞、下賜品などの用途で高級反物を消費した。また富を蓄積する町人層の増加によって民間の消費パワーが拡大していく中、歌舞伎などの大衆向けの公演文化が盛んになると、役者の服飾をまねた派手な格好がファッショニスタの間で流行した。

規制と干渉が文化を進化させる

江戸のファッション文化には時おり邪魔者が登場する。古今東西を問わず前近代の統治権者は、凶年、飢謹、自然災害などで民心が荒れると、紀綱の引き締めのため民間社会の消費を統制しようとするが、それは日本も同じだった。幕府は数回にわたり奢侈《しゃし》（贅沢）禁止令を発令している。節約、節制、禁欲という名目で、まず着物に規制をかけた。素材、形、色、模様すべてのファッションに規制が加えられたのである。

幕府の奢侈禁止令をほぼ同時期の朝鮮の奢侈禁止令と比較すると、興味深い違いが見えてくる。儒教の影響が強かった朝鮮も華美な服を規制した。染色した布の消費が増えると染料の原料になる換金作物の栽培量が増え、米などの食糧の作物栽培に影響を及ぼす。小氷期に当たる近世に飢謹、凶作などが頻繁だったという事情も、両国の衣服規制に影響を与えた。

同じ規制でも、奢侈禁止令は朝鮮より日本社会のほうが大きな影響を受けた。というのは、朝鮮人は衣服の色規制とは関係なく、もともと染色せず綿布を漂白、脱色した白い服を着ていたため、問題がなかったからだ。朝廷は喪服として着る白衣を普段から着ているのは「礼」にそぐわないとして白い服を規制したが、時間が経つほど両班《ヤンバン》・平民を問わず白衣への選好は高まり、日常着の大勢を占めるようになった。この白衣好きが、結果的に朝鮮の染色技術を停滞させる原因となる。染色された布は市場を形成することができず、技術者は官庁に隷属しているため技術的・芸術的な自律性は制約された。

幕府の衣服規制は朝鮮より具体的だった。着物の色を鼠色、茶色、藍色の三色に制限したのだ。規制により衣服文化は画一的なものになってもおかしくなかったが、江戸時代のファッション文化はこれに適応し、退化ではなく進化の道を歩む。三都を中心に経済的に余裕がある都市の人々は、これまでどおりファッションを通じて個性や地位、財力を表現したいと考えた。着飾りたいという欲求は規制で抑えられるようなものではなかったのだ。鼠色、茶色、藍色の三色だけが許されるという制約の中で、差別化された美感、個性を表現することがファッショニスタの関心事となった。そうして誕生した色合いが四十八茶百鼠《しじゅうはっちゃひゃくねずみ》だ。

四十八茶百鼠が見せてくれる色合いのポイントは微妙さである。例えば鼠色と言っても、同じ色はない。明度や彩度によって微妙な違いがあり、その微妙な違いにより色彩感覚という主観的な要素が影響を受ける。主観的な感性が働く「微妙さの発見」を通じて、日本のファッション市場は規制の枠の中で適応し進化する。四十八茶百鼠というのは四十八種の茶色と百種の鼠色という意味だが、実際に四十八色、百色あるのではなく、茶系統の色と鼠系統の色の多彩さを示す言葉である。四十八と百という数字が代弁するように、現代のマンセル表色系に匹敵するグラデーションや中間色、混合色を活用した生地がどんどん市場に登場し、流行のサイクルに乗って日本人の色彩感覚に刺激を与え、美意識を育てていった。

この頃から日本では、同じように見えて同じでない、違うようで違わない、微妙な色を区分するための、色を表す言葉が増えていく。藍色を例に挙げると、濃淡や紫青緑の混ざり具合によって、薄い空色から濃い藍色まで、微妙な差を区別する言葉が発達したのだ。また業界では、虹の七色の原初的な名称を超え、混合色あるいは中間色一つ一つに観念的な象徴とアイデンティティーを付与する名づけ法が考案される。例えば少し赤みを帯びた明るい茶色は江戸茶色、黄色みが含まれる大人しい茶色は利休茶色、濃い緑色が加えられた高級な茶色は千歳茶色、などと命名するのだ。

このような名づけが業界で標準化されると、市場はさらに活性化する。生産者と消費者間で、抽象的な色彩感覚ではなく具体的なサンプルに基づいて取り引きができるようになったわけである。

微妙な色彩を表現するために染料産業も一層の発展を見せる。染料の製造は、当時としては先端の化学産業だ。天然素材を使って色の表現力と耐久性を高めるために、発酵、重合などの工程が発展した。合成染料が登場する前に天然染料産業の形ができていたことは、近代の化学産業を理解し受け入れる基礎となった。優れた技術を持つ染料の専門家が、高い生産性を誇る貴重な技能者として優遇されていたのは当然のことである。

日本人は今でも鼠色、茶色、藍色に基づいた微妙で多彩な混合色を「日本の伝統色」と考えており、このような色彩感覚は現代日本人の被服生活におけるファッション感覚にもつながっている。

幕府による規制への適応は色だけでなく模様でも起きた。幕府の規制は細かく、柄の大きさ、形まで一つ一つ規定が作られ取り締まりが行われた。江戸のファッショニスタや衣装道楽はそのような規制の中でもおしゃれと個性を求めたため、離れた所からは無地かあるいは地味な柄に見えるが、近くで見ると洗練された精緻・繊細な模様が全面に広がっている、というような生地が開発される。いわゆる江戸小紋だ。

江戸小紋は型紙を使って製作される。何度染料を塗っても破れない厚くて高品質の紙に、普通の人の目には見えないほどの細かい穴をあけ、一種の点描法の効果を利用して模様を表現するスタイルだ。穴をあける時は半円形の刃先の錐を用い、微妙に力を調節して穴の大きさを変えながら遠近感や立体感を表現する高度な技術が使われていた。

「粋」の美意識、シンプルな洗練を追求

幕府が抑え込もうとするほど、泉のように湧き出る庶民の自己表現のスタイルは一つの文化を形成していく。江戸庶民の美意識を代表する「粋」の文化だ。「粋」の辞書的な意味は「さっぱりしていて、あか抜けた様子を示す言葉。容貌や身なりだけでなく、行動や態度、教養などを通

してにじみ出る趣」である。日本人は「粋」という言葉を聞くと、「シンプルなものの中からにじみ出る洗練」、「内面の節制と態度の余裕」、「過不足のない自然さ」などを連想すると言う。つまり分かりやすい派手さより、素朴で優雅だが内面の余裕を感じられるのが「粋」なのだ。「粋」と似た言葉に「いなせ（鯔背）」という言葉もある。「無愛想に見えるが、わざとらしく飾るところがなく、義侠心や思いやりのある気性」を意味すると言うが、外国人が言葉だけでその情緒を理解するのは難しく、あえて翻訳するなら「chic」だろうか。

　四十八茶百鼠や江戸小紋で見せた微妙さ、渋さの陰に隠れたこだわりの美的感覚は、庶民の「粋でいなせ」な美意識の発達に重要な要素として作用した。このような粋の美意識は現代にも息づいており、派手ではなくシンプルな洗練を追求する日本の独特な趣向とファッション感覚は、世界的に定評となっている。

　ここまで見てきたとおり、似たような規制あるいは干渉がある環境下で、朝鮮と日本の反物が歩んだ適応への道はそれぞれ違っていた。中国には「上に政策あれば下に対策あり（上有政策下有対策）」という言葉があると言う。政府による不合理な規制があっても民間は自らそれに適応して生きる道を探すという意味だ。

　木綿の普及は朝鮮と日本の両国に大きな飛躍の機会を提供した。物質により人間の生活をよくするのはもちろんのこと、生産・消費のサイクルを通じて社会の組織化を密にし、その過程で文化を生成させる絶好のチャンスだったのだ。しかし朝鮮は綿の可能性を制限してしまった。正直に言えば、そのチャンスをきちんと生かせなかったと書くべきだろう。

　導入で遅れをとった日本は、驚くべき速さで木綿が提供してくれたチャンスを生かし、飛躍の踏み台とした。木綿の種子は日本より百年以上も先に朝鮮の地に渡り、綿の恩恵を伝えたが、綿で日常生活を豊かにし、遊びを楽しみ、洗練された美意識を育てる文化に先にたどり着いたのは日本だった。その原動力は都市化によって継続的に創出される民間の需要と消費力である。

第14章

文化から産業へ、陶磁器大国の誕生

壬辰倭乱《イムジンウェラン》と丁酉再乱《チョンユジェラン》は、日本で文禄・慶長の役と言う。豊臣秀吉の妄想がもたらしたこの戦を、日本では「やきもの戦争」と呼ぶことがある。戦争のさなか、日本に渡ってきた朝鮮の陶工によって高い陶磁器の技術が伝わったためだ。日本は陶磁器工芸が非常に発展しており、陶磁器の市場規模も世界トップを争う。日本の工芸文化の最高峰とも称されるその文化の出発点が壬辰倭乱と丁酉災乱にあり、日本人にとっては戦争の経過や勝ち負けよりも陶磁器技術の伝来という結果のほうが何倍も重要なのではないだろうか。

韓国ではこのことをもって（朝鮮の陶工を連れていったことに対する怒りとともに）文化的な優越感を抱く人が多い。やはり日本は朝鮮の文化を得て発展した、と考えるわけである。しかし、優越感を覚える前に、日本に渡った朝鮮の陶磁器の技術がどのような発展過程をたどったかを知る必要があると思う。

壬辰倭乱・丁酉再乱の時期に渡日した朝鮮の陶工は、主に九州北部に居を構える。最初に陶磁器を焼き始めたのは肥前国で、現在の佐賀県と長崎県一帯に当たる地域だ。肥前には在来の窯が散在していたが、この一帯で生産された焼物を唐津焼と言う。陶器を生産していたが、当時の日本の技術は朝鮮と比較にもならないほど低かった。朝鮮から来た陶工がこの地域で陶器を作り始めてからは、唐津土器は大変な好評を得て人気を集めるようになる。特に脚光を浴びたのは、当時の武家の必需品だった茶壷や茶碗などの茶器だ。壬辰倭乱が「やきもの戦争」と呼ばれるほど、朝鮮を侵攻した大名が朝鮮の陶工を欲しがった理由は、レベルの高い茶器に対する需要があるためだった。

茶道の流行とやきもの戦争

日本の陶磁器文化は茶の文化と切り離せない関係にある。日本は当時、支配層の間で茶の文化が大流行しており、茶道として格式を備えつつあった。九世紀に唐の国から入ってきた茶を飲む習慣は仏家の文化だったが、室町時代を経て武家に広がり、徐々に礼と美意識を備えた文化の精髄として位置づけられるようになる。日本の茶文化の隆盛を決定づけたのは安土・桃山時代だ。織田信長と豊臣秀吉、二人の最強権力者は茶道に強く惹かれた。その二人の茶道の師匠であり茶聖と呼ばれた千利休は、茶道に「侘び」の精神という高潔な美意識と、「一期一会」という哲学的な意味を持たせ、茶道を一種の芸術行為として完成させる。当時の茶道は、ただ茶を飲むという意味ではなく、最も高いレベルの文化的行為であり、社会的地位の表象だったのである。

茶道が支配層で流行するのに伴い、茶道具は特別な価値を持つ、支配層が最も好む品となっていった。中国と朝鮮から輸入された茶器は唐物と呼ばれて名品として扱われ、億万の金を出しても所有したいと思う憧れの対象になる。壬辰倭乱の背景には、こうした日本の支配層の高級茶器に対する強い需要があったのだ。高級茶器を手に入れれば、大きな経済的利益を得ることができるため、朝鮮を侵攻した大名は陶磁器の先進技術の獲得に血眼になった。

壬辰倭乱の後、一六一〇年代までに生産された唐津焼は人気を得るには得たが、あくまで陶器であり、中国や朝鮮で生産される磁器と比べると、見劣りするものだった。だが九州北部一帯に朝鮮の陶工が定住してから十数年が経った頃、それまでの唐津焼をあっさりと跳び越える高品質の陶磁器が生産され始める。最初に頭角を現したのが有田焼だ。有田焼の登場は日本の陶磁器史に残る一大事件だった。

焼物の神様

有田焼という名称は、佐賀藩の有田という地名から来ている。佐賀藩は領主の姓を取って鍋島藩とも言う。藩祖の鍋島直茂は、朝鮮に侵攻した時に陶工を確保して領地に送るが、その中に李《イ・》参平《サムピョン》という人物がいた。李参平は有田焼の創始者として、日本では「陶祖」「焼物の神様」と崇められる人物だ。

李参平は定住してすぐの頃は唐津で陶磁器を焼いていたが、満足のいく陶磁器が作れずに苦心する。問題は原料だった。火山灰が混ざった日本の黒土は、質の高い磁器には向いていない。李参平は佐賀藩一帯を調べて回り、一六一六年に有田の泉山で良質の磁石鉱を発見する。磁石は高嶺《カオリン》とも言い（中国の景徳鎮《けいとくちん》で磁器が生産されたのも近隣の高嶺という所で磁石が採れたためである）、磁器の生産に必須の鉱石である。李参平は良質な陶土、豊富な燃料、きれいな水という三拍子そろった有田の白川に朝鮮式の窯を作り、陶磁器を焼く。のちに天狗谷窯《てんぐだにがま》と呼ばれる伝説的な窯だ。天狗谷窯では、表面がガラスのようにつやつやした薄い乳白色の器が焼かれた。日本初の磁器が誕生したのだ。

陶器と磁器の技術には格段の差がある。現代の電子工学でたとえればトランジスターがICチップに替わるほどのインパクトと言えよう。十七世紀初期の時点で磁器を生産できる国は中国、朝鮮、ベトナムしかなく、ヨーロッパさえも磁器は作れなかったのだが、ここに日本が肩を並べることになったのだ。

当時の鍋島直茂は、仕えていた主君を下剋上で追い出して実権を得たものの、正式には領地を認められておらず、鍋島家が旧主君勢力の反発を抑え幕府の支持を得るためには、中央政界における政治力が必要であった。厳しい課題を抱えていた鍋島家にとって、日本初の磁器生産は最高の好材料だ。鍋島家は李参平の磁器生産に命運を賭けて、これを支援する。

李参平は高い創造力を持ち、生産管理にも長けた人物であった。乳白色の磁器に芸術性を添えるために、青花白磁のデザインを導入する。中国から輸入したコバルト系の顔料で作った青い染料（呉須）で、当時の支配層が好んだ中国風の絵を磁器の表面に描き入れ（このような技法を染付と言う）、高温で器を焼いた。大陸の輸入品に見られる、つややかに輝く表面に神秘的な青みを含んだ古風な絵が描かれた有田焼は、あっという間に日本の支配層の興味を引き人気となる。李参平の磁器は佐賀藩の金の卵を産むガチョウとなった。李参平は朝鮮と中国のやり方を参考にして分業による生産方式を考案する。胎土の採取から、練り、成形、施紋、焼成に至るまで、整然とした分業体制が構築されると、有田焼の生産性は飛躍的に高まり、品質も一層向上した。

有田焼が有名になると、九州一帯の日本人陶工が有田に集まってきて、粗悪な陶磁器を生産する窯が乱立する。窯業に必須の材木が大量に消費され、濫伐により周辺の山がハゲ山になっていくと、佐賀藩は特段の措置を取る。一六三八年に有田一帯の日本人を追い出し、技術漏洩を防ぐために外部の人間が有田に近づけないようにしたのだ。

鍋島家の李参平に対する信頼は絶対的であり、李参平は藩から金ヶ江三兵衛《かながえさんべえ》という日本の名の使用を許される（金ヶ江は李参平が出身地の忠清道錦江《チュンチョンドクムガン》の名から創姓したとされる。今も日本には金ヶ江姓が残っている）。姓を許されたということは一家を成せるということだ。一六五五年に李参平が亡くなると、天狗谷窯の近くに彼の墓碑が立てられ、一六五八年には彼を神として祀る陶山神社が建立された。鍋島藩の人々は礼を尽くして李参平の功績を称えたのだった。

進化する有田焼

一六五〇年代になると、朝鮮から渡ってきた陶工の第一世代はほとんど亡くなり、有田焼も変化の時代を迎える。一六一〇年から一六四〇年代の間に生産された有田焼を初期伊万里（伊万里は有田に近い港の名前である。有田焼はここから流通したので伊万里焼とも呼ばれる。特にヨーロッパに輸出される有田焼は伊万里焼として知られていた）と言う。初期伊万里は朝鮮の知識と技術、中国のデザイン、そして日本の支配層のバックアップが合わさって誕生した。だが伊万里焼が朝鮮の直接的な影響下にあったのはここまでで、以後、伊万里焼は独自の道を歩み始める。

まず磁器の生産が始まると、日本特有の「いいとこ取り」の精神が発揮される。初期伊万里は青花方式（本体を成形した後、素焼きをせずに絵を描き入れて釉薬をかけて焼く染付方式）で作られた。磁器の表面に柔らかく広がる青花模様は美しかったが、模様の鮮やかさを高めるのには限界があった。中国では青花磁器から抜け出し、五彩の磁器にグレードアップしていた。色が増え、絵を描き入れる技術も向上したのである。焼成の後に彩釉で文様を描き、焼きつけて完成させる、彩色絵画のスタイルだ。これにより模様の精巧さと鮮明さが劇的に向上した。

有田地域では一六四〇年代から、このような中国の技術を積極的に取り入れた彩色絵画の磁器（これを日本では染付と区別して、色絵と言う）が生産され始める。この時期に登場した多彩な色と精巧な文様の磁器を古九谷様式と言う。古九谷様式の登場は、有田焼の窯に本格的な技術競争の時代の幕開けを知らせる予告であった。

一六五〇年代に入って明清交替期という国際情勢の変化を迎えると、陶磁器の国際市場が揺らぎ、日本の陶磁器は新しい跳躍の機会を迎える。当時、清を敵対視して復明運動を先導していた鄭成功《てい・せいこう》は、東シナ海の海上権を掌握し、海上貿易で富を蓄え勢力を伸ばしていた。

その鄭成功を牽制するために、清は一六五五年に海上交易を遮断する海禁令を出す。この措置にはからずも打撃を受けたのはオランダの東インド会社であった。中国の陶磁器をヨーロッパに輸出することを大きな収益源の一つとしていた東インド会社は、中国の陶磁器の流通停止による大打撃を予想し、代替品として伊万里焼に目をつける。東インド会社はすでに一六五〇年に伊万里焼をベトナム王室に納品しており、伊万里焼の商品性に注目していた。そして一六五九年から大量の伊万里焼が東インド会社を通じてヨーロッパと中東一帯に輸出され始める。この時から一八世紀初期までの約五十年間、伊万里焼はヨーロッパの陶磁器市場を席巻し、黄金時代を謳歌するのだった。

この頃にヨーロッパに輸出された伊万里焼は、初期伊万里とは完全に性格を異にする「柿右衛門様式」が主流であった。酒井田柿右衛門を祖とするスタイルは青・赤・黄・緑などの多彩な色を用い、中国風ではない、日本らしい絵や文様を精巧に描いているのが特徴だ。細密かつ精巧で、精製された華やかさを特徴とする柿右衛門様式の伊万里焼は、ヨーロッパの王族や貴族の嗜好にぴったりと合い、ヨーロッパ市場で大ヒットを飛ばす。

当時のヨーロッパは荘厳さと華やかさを強調するバロックとロココの時代を迎えており、王室が競って宮殿装飾にオリエンタリズムを加えていた。中国と日本の陶磁器はわざわざ部屋を作って展示するほど人気の品物で、特に有田産の大型の壷、花瓶、力士の像などで構成されたセットが定番の装飾として好まれ、飛ぶように売れていった。

十七世紀後半になって伊万里焼は、主な市場であるヨーロッパ人の嗜好に合わせて華やかさを増していく。金色と赤色の顔料をふんだんに使う中国の金襴手《きんらんで》の技法を取り入れた十七世紀末の伊万里焼は、豪華さの極致にあった。ドイツのシャルロッテンブルク宮殿、ノイシュヴァンシュタイン城、英国のバーリー・ハウス、フランスのヴェルサイユ宮殿などには、今もその面影が残っている。

伊万里焼は中国の景徳鎮に匹敵する最高級の磁器として扱われ、ヨーロッパの磁器の発達にも大きな影響を及ぼした。ヨーロッパは十七世紀まで磁器を作ることができなかったが、一七〇九年にドイツのザクセン地方で初めてカオリナイト（高嶺石）を使った硬質磁器の生産に成功し、ようやく磁器産業の発展が始まった。このザクセン地方の磁器工場が、三大陶磁器会社の一つと称される最高級磁器メーカーとして有名なドイツのマイセンの出発点だが、初期のマイセンの磁器は形・模様などに伊万里焼の影響を大きく受けていたことが知られている。

庶民への普及

金襴手の技法も導入して豪華さを強調した伊万里焼は、今の言葉で言えば輸出専用商品であり、日本の国内市場は状況が違った。日本国内で最高の名声を得た伊万里焼は鍋島焼だ。鍋島焼は佐賀藩が直営する藩窯で生産された製品を言う。佐賀藩は李参平による磁器生産以降、将軍家に最高級の磁器を献上して藩の力を蓄えた。藩が自らの窯を持ち、自分たちの消費用と将軍への献上そして大名への贈呈用の極上品を生産したのだが、コストを度外視し、ひたすら品質に万全を期して生産された製品ゆえ、今でも日本の陶磁器史における最高峰の一つとして挙げられる。

技術漏洩を防ぐための厳格な統制と高い価格により、有田一帯で生産される磁器は有力な武家や豪商の嗜好品に留まり、簡単には大衆化しなかった。しかし十八世紀に入り三都を始めとする都市部の民間消費力の増大を背景に、作りが多少雑で精巧さに劣る中低価格の磁器が民間にも少しずつ普及し始めた。

十九世紀初期に技術が流出し、有田以外の地域で磁器が大量に生産され始めると、磁器で作った茶器、食器、花瓶などが幅広く流通するようになり、次第に庶民の生活に入り込んでいく。一般の家庭や飲食店でも磁器の食器は珍しい物ではなくなっていった。十九世紀中盤以降、日本では輸出市場と内需市場の特性に合わせて製品が差別化され、需要によってハイエンドからスタンダードまで、様々な製品が供給・流通・消費される大衆消費市場が形成されていく。

第15章

陶磁器産業の発達史
「芸術の後援」と熾烈な競争

一八五四年に「開港」という大激変を迎えた時代に、有田焼は再びチャレンジの局面に立たされる。幕府が西欧の国々と締結した修交条約により、幕府が管理する唯一の対外窓口であった出島のほかにも横浜、神戸などに西洋人の商館が設置され、交易のチャンネルが増えたのである。英国、フランス、オランダなどの商人が独自に有田焼の輸入を手掛け、ヨーロッパ市場に合った洋食器の製作を生産者に注文し始めた。日本式の陶磁器ではなく、西洋の食文化に合わせたカップ、皿、ポット、花瓶などが主な品目だった。一度も作ったことのない形と文様の器を生産するのは容易ではない。時代の変化に適応した窯は生き残り、そうでないところは淘汰された。弱り目に祟り目と言おうか、一八七一年の廃藩置県は有田一帯の窯に大きな衝撃を与える。藩が廃止され、それまで藩の庇護下で受注生産に専念していた窯は、完全に自立しなければならなくなったのだ。

危機と混乱の状況下で、有田の窯は品質向上に活路を見出す。ヨーロッパ市場で好まれる、より白く薄い磁器に精巧さを極めた文様を入れ、品質とデザインの完成度を高めて競争力を持たせつつ、生産の合理化と技術の蓄積に尽力した（この時期に時代の変化に適応して誕生した和洋折衷の有田焼を明治伊万里と言う）。

万国博覧会で販路を切り開く

幕藩体制が崩壊し、国政の主体となった中央政府の最大の悩みは、莫大な対外収支の赤字であった。開港以降、英国の安い綿製品が国内の綿織物産業に壊滅的な打撃を加え、十数年にわたる輸出入の不均衡で国際収支は非常に悪化しており、国富の流出は深刻な状況に陥っていた。このような現状を打破するため輸出増進を課題としていた日本政府は、当時、文明国の象徴であった万国博覧会（EXPO）を突破口と捉え、国を挙げて参加準備を進めていく。そして一八七三年にオーストリアで開かれるウィーン万国博覧会を公式デビューの舞台と定める。

日本政府は千三百坪の敷地に神社と日本庭園を作り、日本各地から厳選された工芸品や物産を展示したが、その中には有田焼が代表的な商品として含まれていた。ウィーン万国博覧会の準備責任者であった大隈重信工務大臣（現在の通産大臣）、ウィーンの現地責任者、佐野常民全権公使は二人とも佐賀県の出身であり、彼らは他の誰よりも有田焼の可能性を信じ、出品を積極的に支援する。

結果は大成功だった。博覧会の委員会が選定する名誉大賞を受賞するほど、有田焼は大きな人気を集めた。そこには一つの秘策があった。博覧会の出品依頼を受けた有田の製作者は、西洋の専門家からアドバイスを得て、一瞬で来場者の目を引けるような超大型の陶磁器を作るという戦略を立てたのだ。サイズが大きくなるほど成形と焼成が難しくなるため、一定サイズ以上の磁器を作るのは至難の業だったが、難しいからこそ成功させれば技術力を認めてもらえる。有田の陶芸家は、日本を代表する最高の展示品を製作してみせるという一念で、悪戦苦闘の末に巨大なサイズの作品を完成させた。

日本のパビリオンに陳列された全長二メートルに達する超大型の花瓶は、当時の西欧人も見たことのない、驚異の対象となった。サイズで他国の陶磁器を圧倒し、芸術性と話題性の二兎を得た有田の磁器は絶賛され、一気に日本パビリオンで最高の人気を誇る展示物になった。

当時の万国博覧会は、今とは比較できないぐらい大きな国際行事だ。「文化と教育」をテーマに開催されたウィーン万国博覧会に数百万人の西欧人が来場する中で、有田焼を始めとする日本の絵画・工芸品は来場者の脳裏に強烈な印象を残した（ウィーン万国博覧会を通じて高まった日本文化に対する西欧人の関心は、ヨーロッパの芸術界に「ジャポニスム」を流行させる起爆剤となった）。

万国博覧会の会期中ずっと話題を集め続け、有田焼は商業的にも大成功を収める。参加団が準備していったカップや皿などの小物類はその場で飛ぶように売れ、日本国内に追加注文が殺到した。一八七二年に四万五千円だった日本の陶磁器の輸出額は、ウィーン万国博覧会が開催された一八七三年には二・五倍以上の十一万六千円となり、爆発的に増加する。ウィーン万国博覧会に出品された有田焼は、日本の陶磁器の輸出全体を牽引する威力を発揮した。

万国博覧会が閉幕した後、英国のある事業家が日本パビリオンの庭園をそのまま購入したいと言い、主催者に保証書を要求する。日本政府は急遽、現地で起立工商会社という半官半民の貿易会社を設立し、保証書を発行した。急造の組織として出発したが、会社形態の組織の有用性を体験した関係者は、その翌年に東京に事務所を開設し、工芸品と美術品を中心に日本の物産を海外

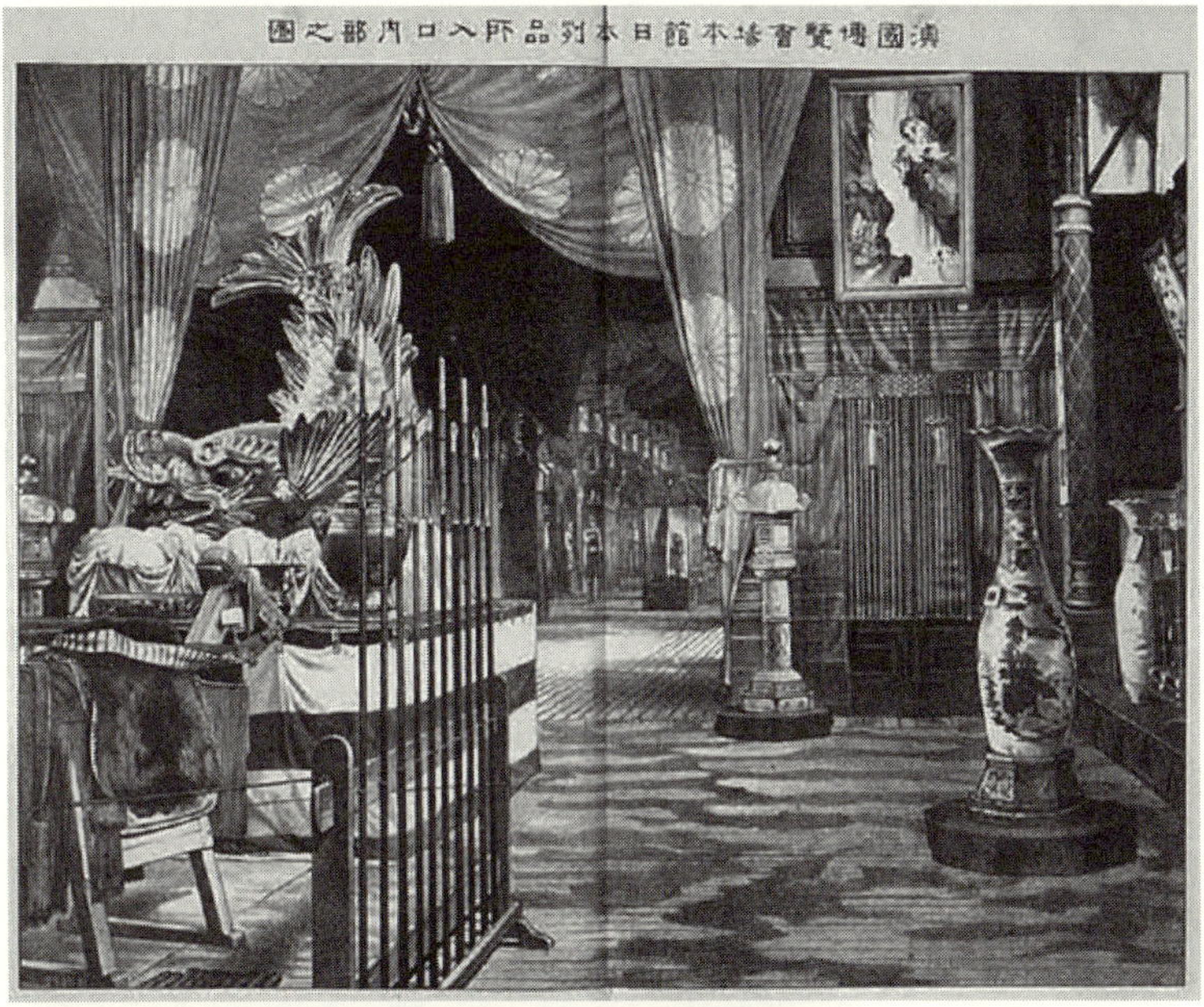

ウィーン万国博覧会の日本館。有田の陶芸家たちは技術力を認められる超大型の花瓶を作り上げた。高さ２メートルに達する大型の花瓶と細密な文様が際立つ華やかな磁器は、来場者に大人気となった

に輸出する業務を本格的に推進する。日本の貿易振興機構（JETRO）の原型だ。

官民一体となって海外市場へ

有田でも時代の変化に適応するための自助努力が行われる。最も影響力のある窯の責任者と事業家が集まり、一八七五年に香蘭社という合本組織を設立する。日本初の会社型結社と言われる営利組織だ。一八七六年にはアメリカのフィラデルフィアで独立百周年を記念する万国博覧会の開催が予定されていた。香蘭社は、浮上する経済大国アメリカの市場を狙い、フィラデルフィア万国博覧会への参加に強い意欲を示した。だが日本政府は国内外の事情によりフィラデルフィア万博には参加しないという方針であった。それでもウィーン万国博覧会のように政府の費用で参加することはできなかったが、香蘭社は日本政府の斡旋で、自費参加のチャンスを得る。

香蘭社が展示品の生産および納品、起立工商会社が参加および販売代行と、業務を分担することで海外進出の効率性が非常に高まった。フィラデルフィア万博にはウィーンでの経験を生かし、より繊細で大胆なデザインにグレードアップした作品が出品された。香蘭社の有田焼はフィラデルフィアでも大好評となり、褒状を受賞する快挙を収める。実はここにも秘策があった。ウィーン万博が閉幕した後、参加団のうち一部はヨーロッパに残り、先進の陶磁器の製作技術や最新動向に関する情報を収集してから帰国し、これを日本の陶磁器の生産業者に伝えたのだ。明治政府はこのようなヨーロッパの最新情報を集め、生産者が製品のデザインとして参考にできるよう『温知図録』というデザインのレファレンスブックを発刊して配る。フィラデルフィア万国博覧会に出品された有田焼は、このような官民共同の努力の産物だった。

その頃、ほぼ同時期に設立されたボストン美術館が、東洋の美術品のコレクションを拡充していた。ボストン美術館が万国博覧会に出品された香蘭社の作品を高く評価し購入に乗り出すと、アメリカの芸術愛好家の間で有田焼の認知度と存在感が非常に高まる。

起立工商会社は、有田焼に対するアメリカの消費者の熱い反応に後押しされ、万国博覧会の翌年の一八七七年、ニューヨークのブロードウェイに「The First Japanese Manufacturing and Trading Company」という名前の支社を設立する。西欧の都市に初めて設立された、日本の商品を専門とする販売店だ。浮世絵や漆器などの工芸品も販売したが、主力になったのは有田焼を始めとする陶磁器だった。

アメリカ社会は非常に大きな潜在力を基に急速な工業化を成し遂げて富を蓄積していたが、アメリカ人はヨーロッパ人ほど固定観念が強くなく、芸術的・技術的にヨーロッパや中国の磁器と比べても遜色がない有田焼は米国市場で日本工芸のアイコンとなり旋風を巻き起こした。当時の日本は機械や化学、造船などそのほかの産業での競争力が弱く貿易赤字に苦しんでおり、西欧の先進国の市場で通用する競争力を備えた有田焼は「日照りに雨」のような存在となった。

朝鮮の陶磁器が停滞する間に……

李参平が日本の地で初めて磁器を作ってから約二百五十年、源となる技術を提供した朝鮮の陶磁器が孤立あるいは停滞の道を歩いている間に、有田焼は日本の陶磁器を国際競争力のある産業にまで牽引し、新たな芸術的・経済的可能性を絶え間なく広げていった。この両国の差を生み出したものは何だろうか？

十五世紀イタリアでは、フィレンツェのメディチ家、ミラノのビスコンティ家とスフォルツァ家、フェラーラのエステ家、マントヴァのゴンザーガ家など、貴族が芸術家のパトロンを務めており、これが西欧近代文明の原点であるルネサンスの発展につながった。芸術家の後援に最も積極的だったメディチ家のロレンツォが「偉大なロレンツォ」と呼ばれたことからも分かるように、この時代の芸術支援は単純に支配者個人の趣味ではなく、統治の正当性と権威を確保する政治的な作用としての意味があった。

商業と金融で富を築いたメディチ家は、教権や王権などの既存の統治観念を超える新たな統治の正当性を、芸術の後援という善政に求めたのだ。こうしたルネサンス期の伝統は、その後ヨーロッパの統治秩序の中で、より普遍的な形態となっていった。十六世紀以降、ヨーロッパの近代国家の成立過程においては、王室や貴族などの支配層にとって「芸術のパトロン」という名誉あるタイトルが統治力の強化に必須であったが、これは音楽・美術・文学など様々な方面にわたり、ヨーロッパ文明の花と言えるハイレベルな文化芸術の発展の基礎を作った。

ハイレベルな文化芸術は、商業的な活力を備えるまで、それを愛好し後援してくれる存在が欠かせない。十八世紀中盤のモーツァルトは、王家と貴族の従属から抜け出すために、ウィーンの中産階級による消費の可能性を信じて自分だけの音楽を追求した。しかし高級音楽に対する大衆の消費市場が十分に成熟しておらず、モーツァルトは経済的に困窮し、芸術的才能を消耗してしまう。文化芸術の領域では天才にも市場が必要だったのだ。

ソースタイン・ヴェブレンは彼の著書『有閑階級の理論』で、上流階級は身分と富を表すために「顕示的消費」をするが、ハイレベルな文化芸術の消費においてもこのような現象が目立つと皮肉った。しかし芸術家の立場から見ると、このような顕示的消費は必ずしも否定的な意味を持つわけではない。そうした少数の消費があることによって、大衆の嗜好や需要を意識しない芸術性の追求と技術的な蓄積が可能になるためだ。

日本の陶磁器の発達史は、このような「後援」と「顕示的消費」が文化の発展に寄与した事例だろう。前述したとおり、日本の陶磁器文化は茶の文化と密接な関係にある。茶の文化は支配層における表面的な流行の水準を超え芸術の域まで達し、支配層がパトロンとして顕示的消費を競ったことが、陶磁器の発達のきっかけとなった。支配層の欲求を満足させられる高度な技術を持つ陶工は、経済的な安定と社会的地位を与えられ、創作活動に専念することができた。朝鮮と違い、中央政府が陶磁器の製作権を独占するのではなく、藩どうしで最高の陶磁器を生産するための熾烈な競争が繰り広げられたことも、陶工の処遇改善と新技術の開発につながった。朝鮮から日本に渡った技術は、大名と陶工の「後援者ー被後援者」という関係のおかげで、朝鮮以上の蓄積が可能になったのだ。日本の支配層の茶具に対する欲と後援こそが、日本の陶磁器文化を発展させる呼び水となった。

陶磁器は工芸品であり生活用品だ。実用品であるがゆえ、絵や音楽に比べると消費拡大の余地がはるかに大きい。都市化と商業化の進展により茶の文化が次第に一般階層にまで浸透し陶磁器の市場が形成されていく。供給者は様々なブランド商品を出荷して競争を繰り広げ、競争の勝敗は、市場における消費者の選択によって決められた。市場が形成されることによってようやく陶磁器の文化は少数のパトロンに依存する初期の段階を過ぎ、独自の発展の道を歩むことができるようになった。

十九世紀初期になると、市場への参入者が増え、巨大な経済的価値を創り出す陶磁器の産業構造ができあがる。このように江戸時代は、民間部門の巨大な消費力を基に社会的・文化的活力が生み出され、適応と進化が繰り返された時代である。日本が近代化の時期に見せた外部のものを吸収する力と、それを発展させる力は驚きに値するが、それらはすでに江戸時代から蓄積されていたのだ。

第16章

江戸の知識人の肖像

ヨーロッパの近代化を触発した宗教改革の本質は知識革命である。マルティン・ルターが聖書を翻訳したのは、教会に独占されていた知識を民衆に解放しようという試みだった。ヨーロッパの近代化は、知識の独占が失われたことで政治と経済が世俗化していく過程と言えよう。

日本にはヨーロッパのようなドラマティックな宗教改革はなかったが、よくよく見ると、宗教改革の本質と似たような過程が近世期に存在していた。かつて日本で知識を独占していたのは僧侶だった。宗教は本質的に学問という側面を持ち、中国に留学した僧侶は当代最高の知識人という権威を得ていた。儒学も僧侶が経典を持ち込み、解釈のうえ伝えたものである。僧侶は国師すなわち国の師匠として扱われ、長い間、知識の頂点であり教育の中心であった。

僧侶による知識の独占は、ほぼ同時期の高麗でも大きくは異ならない。違うのは解体の過程だ。朝鮮では士大夫が登場して仏教の知識独占を解体したが、日本では武士が解体の主役になった。

力のみが生存を左右する下剋上の時代を迎えて、それまでの権威が疑われ、富国強兵に役立つ実用的な知識や情報が重視されるようになる。最初に天下統一に近づいた織田信長は、自分の意に逆らう仏教集団を武力を用いてまで制圧した。後に続いた豊臣秀吉は、仏教勢力の武装を解除し、居住地に制限を加えて統制を強化する。こうした仏教対策は江戸幕府になった後も続き、僧侶の知的権威は崩れ、政治は宗教から離れて世俗化していった。

ここから日本と朝鮮は異なる道を歩み始める。朝鮮では仏教の知識独占を解体した後も、士大夫による「知識の独占」という本質は変わらなかった。一方、日本の武家は知識を独占する立場にはなかった。執権と統治に役に立つなら、様々なソースの知識を取捨選択する実用的・実利的なアプローチを選んだのである。

江戸幕府と朱子学

江戸幕府は統治哲学として儒学、その中でも朱子学を採択した。そしてその土台を作ったのは林羅山（一五八三〜一六五七年）である。一五八三年、京都で浪人の息子として生まれた羅山は、幼少の頃に京都の建仁寺に預けられ仏教を学んだ。寺院が所蔵する膨大な書籍を読みふけった羅山は、仏教よりも儒学の経典に興味を覚え、朱子学の勉強に深くのめり込む。

当代の儒学の権威者であり師匠だった藤原惺窩《せいか》の推薦で家康の相談役となった彼は、徳川家康以下四代の将軍の師として、幕府が朱子学を統治理念とすることに寄与した。強固な身分制、礼に基づく社会秩序、忠と孝の強調など、幕府にとって喫緊の課題だった統治安定化の理論的・思想的土台を羅山は完成させる。幕府が羅山を登用したことで朱子学は幕府の官学となり、朱子学は武家にとって必須の知識となった。

朱子学は官学になったものの、批判を受けなかったわけではない。羅山の朱子学は朝鮮の影響を大きく受けたものと見られており、理気説を信奉し朱子学以外の学問を排斥したが、前述のとおり、日本の武家の伝統は知識の教条化よりも実用的・実利的な融通性を好む。羅山の道徳論、観念論に偏った朱子学絶対化の学風はすぐに批判に直面した。先鋒に立ったのは荻生徂徠《おぎゅうそらい》（一六六六～一七二八年）だ。

徂徠は一六六六年、江戸で医師の家に生まれた。父親の左遷により少年期から母親の故郷で過ごし、独学で仏教・儒学の経典や古典を読み込んで知識の基盤を固める。その後、父親の復権により江戸に復帰した頃にひどい生活苦を味わい、人々の人情と非情をあまねく経験した彼は、学問は民衆の生活の役に立ってこそ意味があるという信念を持つようになる。徂徠はのちに学識を認められて官職に就き、八代将軍吉宗の政治的諮問役を務めながら、このような信念を政治に投影しようとした。

荻生徂徠の肖像。徂徠は朱子学の観念論を批判し、道徳と政治の分離を主張した

徂徠が江戸の知識史で高く評価される理由は、政治的な実績よりも彼の改革的な思想にある。当時の日本は江戸開府から百年余りの歳月が経っており、内部の矛盾と葛藤が露呈していた。新井白石が朱子学に基づいて主導した「正徳の治」改革がきちんとした成果を出せず、都市と農村ともに不満や軋轢が増している状況だった。吉宗はこのような状況を打開するため、将軍の座に就くと同時に社会の雰囲気の一新と制度改革を模索する。

これが江戸時代の三大改革の一つと呼ばれる「享保の改革」である。このような時代にあって徂徠は、改革政策に自らの志を反映させようとした。

徂徠は当時の主流思想だった朱子学を強く批判し、人情に引きずられない規律と秩序の確立を強調する政治哲学を説いた。見方によれば、儒家よりは法家に近い法治重視の思想と言える。徂徠は朱子学を「憶測に基づく虚妄の説に過ぎない」と辛辣に批判した。そして理気論という枠組みに世の中を当てはめようとする本末顛倒の矛盾を抱えた朱子学では世の中の改革はできず、より現実的な世界観で既成の観念を破り「安天下（天下を安んずる）」を追求することが政治の正道だと強調した。

彼は盲目的な朱子学信奉がどれほど愚かなことかを立証するための行動に出る。中国語、特に古語を集中的に研鑽し、儒学の経典を朱子の解釈ではなく原典から解釈する方法論を提示する。例えば『中庸』を受け入れるにあたって、朱子の『中庸章句』に依らず、体系的な方法論を通じて原典を分析した『中庸解』を執筆し、朱子の解釈が誤りや独善でつなぎ合わされていることを立証したのだ。

官僚や学者が朱子学を基に儒教的道義を論じると、徂徠は原典を根拠に先賢の意に関する彼らの理解を追及した。朱子の解釈に依る人々が原典に基づいた彼の論駁以上の知的権威を提示することは難しい。マルクスの『資本論』を原書で読んだ人とダイジェストの翻訳本で読んだ人との間で論争になった時、最初から知的権威のバックグラウンドがそもそも違うのと同じことである。

徂徠のこうした古典重視の解釈論は、古文辞学派または彼の号から蘐園《けんえん》学派と呼ばれる一派を形成した。「朱子学など後世の解釈に左右されないこと。中国の古典から直接学ぶこと」を強調した徂徠の思想は、後代の儒学者に大きな影響を及ぼし、実証的研究と考証を重視する儒学界の学風の礎となった。徂徠の学問的な成果は、のちに朝鮮の実学者にも影響を及ぼした。丁若鏞《チョン・ヤギョン》(十九世紀、実用を重視する学風を開拓した朝鮮の儒学者)は『論語古今註』で徂徠の『論語徴』を大量に引用して「すでに彼ら(日本の儒学者)の文章と学問は我が国をはるかに超越していて、実に恥ずかしいばかりだ」と吐露したと言う。

日本の政治思想界の大物、丸山眞男は徂徠のことを「近代的思想の開拓者であり政治の発見者」と評している。ヨーロッパの知識史でマキャベリが『君主論』を通じて道徳と政治を分離したことが近代政治の土台を作ったように、徂徠が、統治哲学としての儒学が教条的な観念論・道徳論に偏ることとなく、実証と実用から離れないようにしたことは、近代政治の発見に当たるという話である。

儒学を現実に近づけようとした徂徠の思想は、重農主義的な儒教観から抜け出し、経世済民、利用厚生の実用的な経済観を土台として、為政者の徳を、道徳的な統治を超え国家経営の観点から把握する江戸後期の経世家の思想につながっていく。

幕府官僚の間では朱子学が相変わらず主流を成していたが、時代の変化に敏感な藩では、朱子学にこだわらず有能な経世家の意見に耳を傾けるようになった。同じ儒学であっても、どのように理解し取り入れるかによって、世の中を滅ぼすことも栄えさせることもできる。江戸時代の儒学は、独占されることも、宗教化することも、互いに異なる解釈を排斥することもなく、共存・競争の道を歩んだ。朝鮮の儒教と日本の儒学は同じ根から育ったが、異なる実を結んだのだった。

石田梅岩、商人の道を示す

十七世紀後半、日本は体制的には武家が支配する社会だったが、構造的にはお金が支配する社会に突入していた。貨幣は市場に放たれた瞬間、統治権者の統制から外れ、富の分配・消費・貯蓄・投資の決定における主導権は徐々に市場へと移っていく。貨幣の分配と資本の蓄積は複雑な利害関係を形成し、政治的な恣意性を排除していく。初期資本主義の様相がうかがえるが、このような変化の過程で力を得たのは商人だった。

都市化によって生産者と消費者を結びつける流通の需要が急増した日本では、そのほかの国々や、さらにはヨーロッパと比べても商人階層の浮上が目立っていた。商人が富を蓄積して社会を主導する勢力にまで成長すると、日本社会は矛盾に直面することになる。商人階層が社会の重要な役割を担うようになったのに、士農工商に基づく従来の身分では商人は相変わらず最下層と見なされるという、一種の認知的不協和が発生したのだ。

（賤民を除けば）最も卑しい身分である商人が金を儲けて豊かな生活を送ることを、他の階層の人々はよくは思わない。商人自身にも、社会的要求があるから自分たちが存在し富を蓄積しているものの、身分的には相変わらず蔑視の対象になる自らを恥じる感覚があった。

従来の農本主義（または生産者中心）の観念から見ると、生産に直接は関わらない商人の利潤追求は、他人が汗を流して生産した結果物を「右から左に移して」利益を詐取する行為である。商業による利潤獲得は卑しいことと考えられ、武家が商業に従事するのは恥ずべきこととされた。

商人は商人で、目の前の利益を確保することに汲々としていた。景気がよく需要が増えた時は投機と買い占め売り惜しみで暴利を貪り、役人には賄賂を渡し政経癒着により取り引きを独占し、一物一価ではなく相手を見て価格を変えることを当然視していたのである。商人の立場からすると「社会的地位が低い自分たちを保護してくれるのはお金だけ」だったからだ。商業の重要性がだんだん増えているにもかかわらず、商業を見る方もやる方も、商業の望ましいあり方についての価値観を持っていなかった。

商人の役割に対して社会的な座標を設定する必要があるという時代の要請を背景に、新しい思想の潮流が十八世紀初頭から生まれ出す。その先駆けとなったのが石門心学の開祖と呼ばれる石田梅岩（一六八五年〜一七四四年）だ。

石田梅岩は一六八五年、京都近隣の貧しい農家の次男として生まれた。当時の農家の子供たちと同じように、梅岩は幼少年期に京都の呉服屋に奉公に出され、厳しい環境の中、徒弟制で商いを習う。十代後半に、働いていた呉服屋の倒産により帰郷、二十代の初めに京都の黒柳という呉服屋に再び働き口を得て販売業に本格的に飛び込んだ彼は、その店での働き始めが遅くたいした後ろ盾がないにもかかわらず、勤勉さと誠実さを認められて四十二歳の年に番頭となる。

二十年以上、販売業の一線を守りながら、梅岩は現場での経験を通じて、商業は「世の中を利する仕事」という信念を抱くようになる。梅岩は生真面目な性格で、学究心が強く、幼い時から仏教や儒教の学習書を持ち歩くような、本をひと時も放さない読書狂だった。小栗了雲という高い学識を持つ在野の僧侶に出会ってからは、梅岩は日進月歩で学問を深めていく。昼耕夜誦を通じて悟りを得た彼は、四十三歳で現役から退き、二年後の四十五歳の年に、自身の悟りを静かに実践に移すのだった。

故郷に戻った彼は、自宅の部屋を一つ改造して小さな講談所を開き、大衆を相手に講義を始める。老若男女誰でも無料で参加できる開かれた講座であった。初めは思わしい反応が得られなかったが、講義に耳を傾ける者が一人二人と増えていく。彼の講演には儒仏神のどれか一つにしばられることのない包容力があり、自分が無学のアマチュア学者だったゆえ聴衆のレベルに合わせて分かりやすく説明する配慮があった。彼の話は、誰よりも商業に従事する人々が耳をそばだてる内容だった。商人が仕事に矜持を持って邁進できるよう知的・道徳的な動機を付与する彼の講義は、すぐに噂となり門下生が集まってきた。

梅岩の思想は、ある儒学者との対談を記録した『都鄙問答《とひもんどう》』という本にその要諦がまとめられている。古い思想を象徴する儒学者と、時代の変化に合った新しい思想を主張する梅岩の間で、

石田梅岩の自宅の一角に設けられた講談所を再現したもの

図典出処　https://ja.wikipedia.org/wiki/ 石田梅岩

ソクラテスの問答法のような激しい舌戦が繰り広げられるが、その一部を紹介しよう。

儒学者：商人は欲深く、ささいな私欲で行動する。そのような者に欲を捨てろというのは猫に魚を見張らせることに等しい。（梅岩が講談所を開いたことについて）彼らに学びを推奨することに何の意味があるのか。

梅岩：商人の道を理解しない者はささいな欲で行動し、結局は他人と自分の双方を滅ぼすことになる。しかし商人の道を知れば、私欲を捨て仁の心を持つことができ、商人道にふさわしい行動を取って繁栄することができる。それが学びの徳である。

儒学者：それならば、商品を売ることで利益を得ずに原価で売るように教えたらどうか。

梅岩：商人の利潤は武士の俸禄と同じこと。商人が利益を得ずに物を売らなければならないというのは、武士が俸禄をもらわずに奉仕しなければならないということと同じだ。物を作る職人には工賃を払う。それは職人に対する俸禄だ。農民は貢納して残った生産物を所有する。これは武士が俸禄を受け取るのと同じである。商人が利益を得ることも天下に認められた俸禄だ。

儒学者：商人が売買を通じて利潤を得ることは理解できる。しかし商人が人を欺いて悪いことをするのも事実ではないか。

梅岩：その言葉は正しい。世の中には商人のふりをしている泥棒がいる。生産者に対しては買い叩き、消費者に対してはぼったくりで不当な利益を得る輩がいる。これは盗みと同じであるが、その不当さを指摘してくれる教えがないため、これを恥と考えられず、そうした行為を続けるのだ。このような無道さを控えさせることが学びの力である。

『都鄙問答』に含まれる梅岩の思想は、当時としては画期的なものだった。商人が利潤を得ることに、社会的に蔑視される理由はないということを堂々と宣言したのである。彼はここから一歩進んで、商人も利益を得ることを正当化するためには、それにふさわしい商人の道がなければならないと説く。武士に自らの尊厳のために従わなければならない武士の道があるように、商人にも自らの尊厳のために従わなければならない商人の道があるというわけだ。

彼が提示する商人道（商人道という言葉は、現代になって梅岩の思想を再解釈する過程で流行した言葉であり、江戸時代に実際に商人道という言葉が使われたわけではない）を最も端的に表す文言は「実《まこと》の商人は先も立ち、我も立つことを思うなり」である。「真の商人はお客さんがいてこそ自分も存在できるということを知らねばならない」という意味だ。武士が「忠」により君主に仕えるのと同じように、商人も「誠」で顧客に仕え、自身の利益が減るほど客の利益が増えるので商人は進んで「倹約」しなければならず、「諸業即修行」つまり仕事はすべて人格修養であり、怠けを警戒し、与えられた役割を「勤勉」に精進することによって「信用」を得るべきだというのが、梅岩の主張する商人の道であった。彼は商人に対して、このような道に従って正直に稼いだ金であれば「富士山ぐらい金が積もっても恥ずかしくないこと」と述べ、商人が矜持を持って生業に従事することを促した。

朝鮮の儒教的伝統が、宇宙の原理である「理」と「気」というメタ・ナラティブに重点を置いていたとするならば、日本の儒教的伝統では、人間の原理として「心」と「性」が生活哲学として重視されていた。「心」は人間の根本で、すべての理由と認識の出発点となり、「性」は個々の心の有り様である。

梅岩は、商人の心は世の中に利を与えようとすることが根本であり、その根本を実現するためには、普段から誠実・倹約・勤勉を実践し信用を重ねることによって各自の「性」を磨かねばならないと説いた。

心を中心に置いた彼の思想は、門下生によって石門心学として体系化してまとめられ、京都、大坂、江戸などにも彼の思想を教える講談所が広がっていった。実体験を基にした、分かりやすく伝えられる彼の思想は、日本の社会に大きな感動を与え、商人はもちろん政治改革に関心を持つ幕府や藩の官僚も心学の講義を聞くようになる。

梅岩の『都鄙問答』は商人のバイブルのように扱われ、江戸時代だけで十回も再版されている。最も多い時は全国で三十四の藩、百八十か所の心学講談所が設置されるほど、梅岩の思想は大衆に広く伝わっていった。

必ずしも梅岩の影響だけとは言えないが、江戸時代の有名な商家には、武家をまねて商家も家訓を作り、従業員と子孫にこれを見習わせるという文化があった。信用を重んじ、家業を大切にしながら、顧客の満足のために正直かつ親切を実践することを内容とする教訓で、現代の日本の経営学ではこれを時代の先を行く「企業の社会的責任（CSR）の実践事例」と見ることもある（最も代表的なものとしては、近江地方出身の商人［近江商人］の「三方よし（売り手よし、買い手よし、世間よし）」の精神が有名である）。

これは商人に限った話ではない。工に従事する職人の間にも、技術はつまり心であり、技術の研鑽に精進することが技術者の本分だという「技是心也」あるいは「心技一体」のように、心を重視する日本独特の精神文化が形成されるなど、誠実・倹約・勤勉の三つの徳と信用を中心に据えた生き方を強調する石門心学は、日本社会全般の人生観、職業観に大きな影響を及ぼした。

心を開き世界を見つめる

江戸時代は世界史的に見ると激動の時代に該当する。ルネサンス、宗教改革、新大陸の発見、市民革命、産業革命など歴史の大分岐と言えるドラマティックな変化を経たヨーロッパは、全世界に攻勢をかけ、新しい文明の力で非ヨーロッパ世界を圧倒した。非ヨーロッパ世界は、ヨーロッパ勢力との遭遇の時期や方法に運命が左右されることになったが、当然ながら日本も、こうした世界史的な潮流から自由でいられるはずがない。

西洋の勢力が初めて日本に足を踏み入れた頃、日本は戦国時代だった。「天下布武」の旗印を掲げた織田信長を始めとし、天下統一を夢見る有力武将は、スペイン、ポルトガルとの通商を拒むことなく彼らが持ち込む物を積極的に受け入れた。信長が西洋から手に入れた新しい武器で天下取りの手前まで来たことを目撃した大名は、戦略的観点から、外部勢力との交流がもたらす利益と脅威を見極める眼識が生存に関わることを悟る。

江戸幕府の対外関係もそうした戦略的な観点から出発している。家康は執権初期に対外貿易に対して比較的寛大な態度を見せ、朱印船貿易の形態で、一定の条件をつけて対外貿易を許容した。しかし三代将軍家光は、すべての西洋人を追放し、すべての藩に対し外部との通商を一切禁止するという、いわゆる鎖国政策を取った。鎖国という言葉は、国を鎖《とざ》すという意味である。ただし一つ留意すべきは、鎖されるのは藩であって幕府ではないということだ。このような意味において、幕府の鎖国政策は「閉門政策」ではなく、幕府が外部との人・物・情報の交流を統制する「窓口独占政策」と見るのがより正確だろう。江戸時代の鎖国政策は、西洋のことを盲目的に拒否した、朝鮮における衛正斥邪《えいせいせきじゃ》の理念型の孤立政策とは異なっていた。

幕府は歴史的な経緯や戦略的な観点を考慮し、四つの窓口（薩摩藩―琉球、松前藩―蝦夷地、長崎―オランダと中国、対馬藩―朝鮮）だけを開けておき、最も重要な西洋と中国との通路は、幕府の直轄領である長崎に限定した。島国日本では、すべての海岸線が外部交流の窓口になり得る。幕府は大名に一定サイズ以上の船舶の建造を禁止するなど二重三重の統制を加え、徹底して対外関係を抑え交易を管理しようとした。

貿易は基本的に国家権力が作用する「特許」の対象である。先の章で触れたとおり、西洋から見た日本は金と銀が大量に生産されるエル・ドラドだった。江戸時代の初期、ポルトガル、英国、オランダなどがその「特許」を得るために角逐戦を展開する。初期に主導権を握ったのは、信長以来の古株だったポルトガルだ。しかしキリスト教の布教という問題によりポルトガルが排除され、英国との競争で勝利したオランダが急浮上する。オランダの東インド会社は徹底した商業ベースでの交流を確約することによって、幕府の独占的な交易パートナーとしての地位を獲得した。幕府は交易の利を得ながらも、知識や情報の流通を統制できるよう、一六四一年に長崎の出島という人工島にオランダ人専用の商館を設け、オランダ人の居住・移動を制限する。その後の出島は、日本がオランダを通じて世界をのぞき見る窓となった。

幕府は西洋の情報を統制はしたが排斥はしていない。排斥どころか、敏感にその動向を注視していた。出島商館長は定期的に江戸に出向いて将軍に謁見し、世界情勢に関する将軍の顧問の役割を果たした。出島のオランダ人はバタビアの本部で手に入る国際情勢の動向を整理した「オランダ風説書」という報告書を作成して幕府に送らねばならなかった。幕府は必要に応じて情報を統制したり取捨選択して活用したりしていたのである。

この過程で、オランダ人とのコミュニケーションを担当する通詞と出島商館に派遣された洋医から西洋医術を学んだ一部の医者が、自然と西洋の知識に関心を持つようになり、彼らが研究する西洋の学問は「蘭学」（西洋学問の名称は、江戸初期は「蛮学」、十八世紀以降は「蘭学」と呼ばれたが、十九世紀に入って、英国・米国・フランスなどの影響が大きくなるにつれ「洋学」と呼ばれるようになる）として知られるようになる。

幕府の思想統制もあり、また空理空論を忌避する日本の知識社会の風土も影響し、蘭学者の関心は、自然を対象化して理解する医学、本草学（薬学）、動・植物学、天文学、地質学、地理学、工学などの実用学問に集中した。蘭学者は西洋の知識に常識と固定観念を揺さぶられ、勉強をしながら、世の中が陰陽五行と理気の原理で回っているという従来の世界観に疑問を抱き始める。こうした疑問は新しい気づきの出発点となった。

蘭学の本格的なブームを起こしたのは、先の章に登場した『解体新書』の出版だ。日本の知識史は『解体新書』の出版前と後で分けられると言える。『解体新書』の主役であり蘭学の開拓者、杉田玄白は、世を去る前に自らが一生を捧げた蘭学の歴史と系譜を整理して後世に残すことを最後の使命とし、八十三歳になった一八一五年に『蘭学事始』を執筆して、愛弟子の大槻玄沢に校正を依頼する。玄白の六十余年にわたる蘭学との出会いと縁がきちんと盛り込まれた本であった。

校正の依頼を受けた玄沢は、玄白の「出藍の誉れ」たる弟子で、玄沢も師匠の杉田玄白、前野良沢と同じように医師の家に生まれている。父親が蘭方医学系の医師だったので、幼い頃から蘭学の影響を受けて育った彼は、二十二歳になった年に江戸遊学をして、玄白の私塾「天真楼塾」で本格的に蘭学を勉強した。

一七八五年にはわざわざ長崎まで行って通訳官からオランダ語を習うほど、彼の蘭学に対する学習熱は高かった。江戸に戻った玄沢は一七八八年、蘭学を体系的に整理した『蘭学階梯』という本を著して一躍、江戸蘭学界のスターとなる。「階梯」は階段という意味で、こつこつと蘭学を学べるよう、蘭学の基礎的な内容と初級オランダ語を整理した、一種の蘭学入門書であった。

玄沢は、蘭学を学びたいという弟子が集まってくると、翌一七八九年には芝蘭堂という私塾を開設する。それまでは蘭学に関心を持った人は長崎まで行かなければならなかったが、江戸でもレベルの高い蘭学を学べるようになったのだ。このことが知識社会に及ぼした効果は非常に大きかった。芝蘭堂は江戸蘭学の殿堂となり、多くの門下生を輩出する。特にのちに「芝蘭堂四天王」と呼ばれた橋本宗吉、宇田川玄真、稲村三伯、山村才助らは、医学、天文学、言語学、地理学などの分野で、西洋の基礎科学技術を日本の知識社会に根付かせるのに大きく寄与した。

オランダ正月のパーティーの様子を描いた〈芝蘭堂新元会図〉、市川岳山作、1975年

蘭学が流行した理由は簡単だ。日常生活に役に立つ実用的な学問だったためだ。病気を治療する医者は、西洋の医学を勉強すればより効果的な治療法を知ることができた。暦を作る人々は、西洋の天文学を勉強すればより正確な暦の計算が可能になった。鉱山を開発する人々は、西洋の地質学や鉱物学を勉強すればより多くの鉱物を手に入れることができた。絵を描かなければならない人々は、西洋の美術技法を勉強すれば対象をより忠実に描写することができた。日本の知識人には、近代ヨーロッパ文明がもたらす物質的な恩恵を拒む理由がない。その恩恵をどのように吸収し、人間の生活をよくできるか？　それが蘭学に対する当時の知識人の態度であった。

余談だが、近代ヨーロッパのウィーンやパリに知識人が集まって交流するサロン文化があったとするなら、芝蘭堂には「オランダ正月」があった。出島商館のオランダ人は陽暦の一月一日になると幕府の官吏や通詞らの日本人を商館に招いて新年パーティーを開いたのだが、日本人はこれをオランダ正月と呼んだ。

玄沢は長崎遊学時に吉雄耕牛という通詞の家に招待され、彼が主催するオランダ正月を経験して、その異国的な雰囲気に魅了されたことがあった。一七九四年十一月（陰暦）、玄沢は江戸参府に来ていた出島商館長と江戸で会うことになったが、商館長から十一月十一日（陰暦）が太陽暦一七九五年一月一日に当たるという話を聞いた玄沢は、この際だからと自らオランダ正月のパーティーを企画する。芝蘭堂の同僚と蘭学に関心がある官僚、知識人を一堂に集めて、西洋の文化を体験してみようとの趣旨であった。参加者の反応がよく、これがきっかけとなってその後芝蘭堂では四十年以上、毎年陽暦の一月一日にオランダ正月のパーティーが開かれた。絵からも見て取れるが、ワインボトル、ワイングラス、フォーク、ナイフなど、西洋のテーブル文化が再現されている。芝蘭堂のオランダ正月では、オランダ人が好んで食べる牛肉、豚肉、鴨肉、ハムなどの料理も供され、西洋の文化を直接体験でき、そして蘭学に関心の高い知識人が交流できる場となった。

蘭学は江戸の知識人の好奇心を刺激し、徐々に彼らの思考体系に根を下ろし始めた。蘭学が流行したからと言って、ヨーロッパの観念や知識が日本社会全般に全面的に受容されるほどの変化があったわけではない。しかし、それまでの知識に「合理的な疑い」を抱き、「知的柔軟性」の重要性に気づくための思考訓練になったという点で、蘭学は日本の近代化の土台となる科学的・合理的思考の基礎を提供したと言えよう。

ここまで見てきた儒学、心学、蘭学は、江戸時代を貫く三本の知的支柱だ。このほかにも様々な思想の潮流があり、それらを説いた思想家が江戸時代にはたくさんいる。「知識の競演」と言っても過言ではないほど、このような知識の構造図の変化が起きたのは、日本の知識人、思想家の個人的能力が特別に優れていたからと言うよりは、社会の構造的変化に対応し反作用として現れた知的進化の過程と見るほうが妥当だろう。問題があってからこそ答えを求めるのであって、問題が提示もされていないのに答えから考えることはできないのと同じである。朝鮮における知識史の発展の様相が同時代の日本と比べて単調だったとするなら、それは朝鮮の知識人の能力に問題があったわけではなく、それだけ社会が停滞していた証と言える。

江戸時代の日本社会は都市化、資本化、市場化の進展により、それまでの知識・思想ではもはや対応できない限界に直面し続けており、このような状況下で知識人が時代的な使命感を持って悩み抜く過程で、多様で堅固な知的土台が構築されていった。身分を超え、それぞれの職域で、時代の変化に対応するための新しい知識が生産、消費される現象は、一種の知識市場の出現と言える。多数のノーベル賞受賞者を輩出し、科学技術、人文・社会科学のレベルの高さを誇る現代日本の知的躍動性と多様性は、知識が独占されることなく公論の場で競合した江戸時代の知識市場の胎動に、その源があると見るべきだろう。

第17章

三貨制度と貨幣改革

貨幣は人類の道具史において独特の位置を占める。普通は人間が道具を支配するが、貨幣つまりカネは、いったん作られるとカネが人間を支配するようになる。価値の基準であり交換の手段として貨幣が人類の歴史の発展に及ぼした影響は絶対的だ。貨幣の発達史イコール経済の発達史と言っても過言ではない。貨幣がなかったならば、人類は自給自足や物々交換を続けていただろう。

江戸時代の日本は貨幣経済が非常に発達した社会だった。全面的な貨幣の流通は、生産力の増大および流通網の拡充と合わさり、日本経済の質的な高度化と量的な膨張を推し進めた。江戸時代に、前近代社会としては異例の水準で貨幣経済が成立し得たのはなぜだろうか。江戸時代の貨幣経済の発達史には、江戸時代の本質を理解する最も重要なヒントが隠されている。

日本は戦国時代までは貨幣経済の発達が周辺国に比べて遅れていた。自国の貨幣もあったが、基本的に流通していたのは渡来銭と呼ばれる、宋と明から輸入した中国の小銭だ。藩は藩で自主的に貨幣を作って流通させていたため、貨幣制度は非常に乱れていた。この時期まで貨幣が発達していない理由は大きく分けて二つある。一つは全国的に貨幣の流通を保障する統一された中央権力が不在だったこと、もう一つは貴金属の保有高が不足していたことだ。

現代のように中央銀行の信用に裏付けされていない近代以前の貨幣経済において、貨幣が貨幣として機能するためには、それ自体に価値がなければならない。金、銀、銅などの貴金属が貨幣の出発点になるのはそれが理由である。当時の日本には貨幣の鋳造に充てられるほど十分な貴金属の資源がなかった。

金貨・銀貨・銭貨三種の本位貨幣

状況が一変したのは戦国時代だ。熾烈な争いが続く世の中で、死活を賭けた貴金属の開発が進められた。開発に必要な技術は二つある。一つは貴金属を含有する原鉱を採取する採鉱技術、もう一つは採取した原鉱から貴金属を取り出す抽出技術（これを冶金術と言う）だ。採鉱技術に関しては、十六世紀中盤までは地面に露出した鉱脈を掘るレベルの露天採鉱に留まっていたが、十六世紀末になると地下を垂直に掘り、地図と水平に坑道を作って鉱脈の深部から採鉱する技術が普及して、採鉱量は急激に増えた。

抽出技術に関しては、原鉱から鉛と銀または金を分離することが鍵であったが、朝鮮から伝来した灰吹法や西洋から伝来した南蛮絞りなどの鉛銀分離法が相次いで広がり、貴金属の生産量も急増した。十六世紀末には、生野、石見、佐渡などの名鉱で月に数トンから数十トンの銀が生産されるようになる。十七世紀初期の日本の銀輸出量は年間二百トンに達していたという研究結果があり、日本は世界有数の貴金属の生産・保有国となった。

家康は関ケ原の戦いで勝利した後の勢いに乗り、主な鉱山の確保に乗り出す。その結果、伊豆、佐渡、生野、石見など良質の貴金属を生産する金鉱と銀鉱が、次々と家康の支配下に置かれた。武田家が支配していた甲州（現在の山梨県）では、戦国時代に甲州金という、その当時としては最高レベルの自前の金貨が流通していた。家康は武田家の領地を直轄領に編入し、金鉱と鉱山技術者を得ることとなった。全国の主な金・銀鉱を確保した家康は、将軍の座に就いて間もなく「大望」の貨幣統一に取り掛かる。

貨幣統一は天下統一の象徴である。鋳造権を独占することによって、シニョリッジ効果（ここでは通貨の製作費用と額面の差額を通じて利益を得ることを指す）も期待できる。家康は将軍の強大な権威と戦国時代を経て確保した莫大な貴金属の保有量を背景に、それまでの貨幣を撤廃し、統一貨幣を鋳造して全国的に流通させるのだが、幕府は保有資産と既存貨幣の流通の秩序を考慮に入れ、金貨、銀貨、銭貨の三種類の通貨を作った。三種の貨幣が本位貨幣として通用したこのような制度を三貨制度と呼ぶが、この時期の貨幣制度を理解するには、もう少し詳しい説明が必要だろう。

最初に念頭に置いておくべき点は、江戸の貨幣は単位が独立しておらず、重さの単位と混用されていたという点だ。まず金貨は両《りょう》―分《ぶ》―朱《しゅ》―絲目《いとめ》という単位で発行されていた。四朱が一分、四分が一両に当たるという、四進法の単位である。両は本来、重さの単位（メートル法で換算すると一両は約三十七・五グラムに相当する）だ。

金を貨幣化したものの、別の単位を設けなかったため、両は重さであり価値の単位という二重の性格を持つことになる。金貨は一両の価値（または重さ）が記載された小判を基準として、小額貨幣の二分判金、一分判金、二朱判金、一朱判金などが鋳造された。小判の七・五〜十倍に当たる大判もあったが、大判は債務の返済、褒賞、献上、贈呈などの特殊な目的に使われ、実際の流通は限定的だった。この四進法の金貨鋳造は、甲州金の通貨体系をそのまま受け継いだものである。ただ実際のところ、金貨は当時の日本ではまれな貨幣であった。幕府が天下統一の過程で確保した金の保有高を基に金貨の流通を増やそうとしたが、大坂を中心とする西日本で根を下ろしていた銀本位制を変えることまではできず、金貨は主に江戸を中心に流通することになる。

銀貨は金貨とは異なり、計数貨幣ではなく、重さを基準とするいわゆる秤量貨幣だ。貨幣と言うよりは、銀の塊が貨幣として通用していただけなのだが、銀の塊（これを丁銀と呼ぶ）を細長い葉っぱの形に成型して、その表面に重量を表記することで価値を示していた。重さの単位には貫《かん》、匁《もんめ》、分《ふん》などが使われ、金の重量単位と区別されていた。一貫は千匁、一匁は十分で、銀の重さの単位は四進法ではなく十進法であった。重さを基準として銀を貨幣として使うのは中国に由来する。かなり以前から中国との交易には銀が使われ、中国の銀貨流通のスタイルが大坂を含む西日本一帯に定着しており、幕府がこれをそのまま受け入れたのである。

銭貨については、初期には渡来銭の流通を許容していたが、三代将軍徳川家光の時期に寛永通宝が鋳造されてからは日本独自の硬貨で統一された。銭貨は「銭《ぜに》」という通称で呼ばれ、硬貨一枚あたり一文の価値が定められた。銭貨は日常生活で最も多く使われる貨幣で、全国的に流通したものの、その価値が小さいため大規模な取り引きに使うのには向いていなかった。

ここまで見てきたように、三貨制度というのは、旧来の通貨体系はそのまま踏襲するが、幕府が貨幣鋳造権を独占して流通させる、ということに過ぎない。幕府は貨幣経済の意味を理解したうえで貨幣制度を創設したわけではなく、貨幣は政治的権威を強化し経済を統制するための手段である、という程度の理解だったことにより、貨幣制度には一貫性と統一性が欠如していた。

このような制度的な不備があるにもかかわらず貨幣の流通が急速に増えたのは、先の章で説明した天下普請と参勤交代の影響が大きい。特に参勤交代の影響は絶対的だった。一年を単位として江戸と領地を往来しなければならない大名とその随行員は、移動そして江戸の滞在期間中に莫大な量の貨幣を必要とし、これを調達して使う過程で貨幣の流通が急速に進んだのである。参勤交代に伴って使われる貨幣は、関連するすべての取り引きにおいて連鎖的に貨幣使用を誘発し、十七世紀中盤になると、あらゆる取り引きが貨幣決済を基本とする貨幣経済社会が全国的に成立する。

貨幣改革の失敗

天下普請と参勤交代の相互作用により運良く貨幣を流通させることには成功したものの、実際の幕府の貨幣政策は実にお粗末であった。貨幣を流通させたまではよかったが、幕府は経済の構造的変化を理解できず、統治権強化のために強権的な貨幣改革を濫発した。家康の在位中に発行された、統一貨幣の起源となる慶長小判と慶長丁銀は、流通の便宜よりは政権の権威を高めるという目的のほうが大きかったため、金貨と銀貨の純度がそれぞれ八十五パーセント、八十パーセントという異例とも言える高価値の貨幣だった。

このような高品位の貨幣は貨幣供給量を増やすのが難しい。十七世紀初期から続く大規模な土木事業、商品経済の発達、人口増加に伴う経済の膨張によって貨幣需要が急増したのに対し、市中の貨幣はかえって減少していた。減少の原因は、使用による自然消耗もあったが、主には対外貿易だ。当時、日本は中国の生糸、朝鮮の高麗人参を輸入していたが、その決済手段が銀だったため、国内で生産された大量の銀が海外に流出したのである。

産物の集散地として大規模な取り引きが行われる大坂の主な貨幣、銀が大量に流出すると、深刻な貨幣不足が起こる。価格というのは、商品と貨幣間の交換比率である。貨幣量が一定で商品の供給が増加すれば、貨幣の相対的価格は上がるしかない。通貨量の減少は実物価格を下落させ、これは米を収入源とする幕府の財政悪化につながった。さらに収入を米に依存する武家と米の生産農家も所得が減少し、社会的不安が引き起こされる。

幕府の金庫から貨幣が涸れ、財政悪化が深刻になると、五代将軍徳川綱吉は一六九五年に、電撃的に貨幣改鋳を断行する。既存の金貨・銀貨をすべて回収し、純度をそれぞれ五十七パーセント、六十四パーセントに下げて改鋳するという、品位低下の貨幣改革を行ったのだ。この時に鋳造された貨幣を元禄金銀と言う。同じ額面価の貨幣を発行する際に貴金属の含有量を減らせば、残った貴金属で貨幣を追加して発行できる。幕府はこの時の改鋳で五百万両に相当する莫大な鋳造差益を得たと言う。

幕府の金庫は満たされたが、市場は混乱に陥った。貨幣改鋳で有効需要が増加し、ある時期までは「元禄景気」という好景気が訪れる。しかし突然の貨幣価値の切り下げによって市場の物価感覚が歪み、緩やかなインフレーションを超えて景気が過熱し、バブル現象が発生したのである。幕府は通貨量調節のメカニズムを理解したうえで景気浮揚のために貨幣改革を行ったのではなかった。貨幣改革は当時施行された大規模な土地・人口調査（検地）や金鉱開発などと同じく、幕府が財政を拡充するための手段の一つに過ぎなかったのだ。

現物需要を増加させたのは商人の心理である。幕府は貨幣の品位の低下を隠そうと秘密裡に鋳造したが、じきに貨幣の保有者は貨幣に以前ほどの価値がないことを知るようになる。それまでに蓄積した現金資産が一瞬にして半分になることを経験した商人は、貨幣の保有を敬遠し現物への選好を高めた。貨幣の改鋳以降、瞬間的に沸いた好況は、このような商人の現物資産選好によって誘発されたのである。商人による非現金資産の保有選好は実物経済と乖離した投機的需要と仮需要を生み、一七〇〇年代になると好況を超えたバブル現象が発生し、高騰する物価は市場の新たな不安定要因となった。

その先がさらに大問題であった。貨幣改鋳を主導した綱吉が死亡すると、六代将軍家宣と七代将軍家継が続けて政権の座に就く。この時に、綱吉の時代に貨幣改鋳を主導した勢力が追放され、朱子学指向の強い新井白石と間部詮房が実権を握った。特に白石はその傾向が強い朱子学者であったため、貨幣鋳造については、始祖の家康の意を奉ずることが後世を生きる者の道理という朱子学的な貨幣論を打ち出し、前政権の貨幣改鋳を軽率で浅薄な行為だと強く批判して、慶長貨幣に戻ることを主張した。

白石の諫言により一七一四年に純度を元に戻した正徳金銀が再び鋳造される。すると貨幣の流通が急激に滞り、現物資産の価値は急落、市場は冷たい水を浴びせられたかのように冷え込んだ。二十年間に五十パーセント以上の貨幣価値の変動をもたらす貨幣改革というパンチを相次いで食らえば、どんな経済も持ちこたえようがない。

あちこちで貨幣を手に入れられない事態が起き、経済が正常に回らなくなったため、八代将軍に就いた吉宗は、一七三六年に再び品位を大幅に下げた元文金銀を鋳造する。この時期の改鋳は、初期にインフレーションによる多少の混乱があったものの、幕府の米価格安定施策、公共事業を通じての通貨供給など様々な補完政策が取られ、十八世紀後半に日本経済が漸進的なインフレーション基調の安定的成長を遂げることに寄与した。元文金銀は八十年間使われ、貨幣としての使命を全うした。しかし十九世紀初期には幕府の財政が再び悪化し、幕府はまたも鋳造差益を狙って品位を下げた貨幣の改鋳に乗り出す。このような様相は大政奉還の時まで繰り返された。

家康によって初めて統一貨幣が鋳造されてから明治維新までの二百六十年余りの間に、全部で十回ちかく貨幣が改鋳され、一七一〇年代の「正徳の治」期間を除けば、すべて品位を下げる貨幣改革であった。幕府の財政補充のために行われる頻繁な貨幣の改鋳は、財産権の安定性を損ねるため、民間の経済主体にとって大きな負担となる。貨幣の改鋳は市場と政治権力が正面から衝突することを意味し、商業的な勢力は自己防衛の努力を怠るわけにはいかなかった。

現代の通貨政策論の観点から見ると、江戸時代の最も重要な課題は、公共部門（幕府と武士階級）―商人―農民間の利害関係の調節を図る通貨政策を模索することだったはずだ。しかし江戸幕府による財政難の打開と鋳造差益を狙った近視眼的な通貨政策は、市場の混乱と社会的矛盾を惹起し、このことは幕府末期に近づくにつれ、体制変革の必要性に対する社会的な賛同が広まる原因となった。

実は近世の時期における貨幣政策の失敗は、江戸幕府だけに見られるものではない。同時代のヨーロッパ国家でも事情は似たり寄ったりだ。例えば英国のヘンリー八世は、贅沢な生活やフランス、スコットランドとの戦争などで王室の財政が悪化したため、一五四四年に純度を大きく下げた低品位の金貨と銀貨を秘密裡に鋳造し、それまでの貨幣と共に流通させた。

低品位の貨幣が流通しているということが商人の間ですぐに発覚すると、高品位の貨幣は市場から姿を消し、低品位の貨幣だけが流通するという結果がもたらされる。この時の貨幣改鋳を「The Great Debasement」と言うが、これが「悪貨は良貨を駆逐する」というグレシャムの法則が誕生した背景である。

貨幣に対する信頼が低下すると市場には大混乱が引き起こされる。物価が暴騰し、ヨーロッパ大陸の商人が低品位の貨幣の受け取りを拒否したため、交易も大幅に減少し、貴族、庶民を問わず生活水準は大きく下がる。ヘンリー八世の貨幣改鋳は、次の王であるエドワード六世在位中の一五五一年、公式に廃棄され、以前の高品位の貨幣が再び導入されるが、貨幣不信の影響は悪貨が市場から完全に姿を消すまで続き、長らく英国経済の足を引っ張ることとなった。

通貨量、金利、物価、総生産など、マクロ経済の指標に関する正確な統計がつかめても、それぞれの指標間の相互関係を明確に理解したうえで、貨幣政策を立てるのは現代国家においても難しいことだ。貨幣金融論は、数多くの理論が対立する経済学の中でも最も難しい領域である。前近代の時期に、全面的な貨幣流通を可能にした物的・制度的インフラを構築したというだけでも、江戸幕府はその功績を認められて然るべきなのかもしれない。

第18章
「貨幣の罠」と幕府体制の限界

幕府の政治的権威の誇示と体制強化のために発行された貨幣は、いったん幕府の手を離れてしまうと、幕府の意図とは関係なく独自の道を歩む。大名を牽制するために施行された参勤交代は莫大な貨幣需要を誘発し、貨幣経済が社会の隅々まで急速に浸透するのに大きな影響を及ぼした。

こうした貨幣経済の進展により経済全般に根本的・構造的な変化が起きたのだが、幕府はそのことを理解できなかった。貨幣の流通と保有は多層的な利害関係を形成したが、それは政治的理念や強権でいつまでも統制できる性質のものではなかったのである。

体制を安定させるために貨幣をいじればいじるほど幕府の政治的権威は失墜していき、それに伴い政治的権威と市場原理の間のパワーバランスは市場側に傾いていく。実は、幕府の貨幣制度の根本的な問題は、頻繁な貨幣改鋳の程度で終わるものではなかった。貨幣改鋳の問題をさて置いても、幕府の貨幣制度は三つの体制崩壊的な自己矛盾を抱えていた。皮肉なことは、幕府の貨幣制度が日本の経済体質を変えたのは、制度の優秀さではなく、制度が抱えていた三つの矛盾のためであったということだ。この矛盾は「貨幣の罠」となり、幕府体制を根幹から解体し始めた。

二元的貨幣の流通構造と両替商

最初の矛盾は、本位貨幣である金貨と銀貨が一つの単位で連動しておらず、それぞれの基準で流通していたことだ。特に物流の中心地である大坂と、消費の中心地である江戸の本位貨幣が異なっていたのは、一国内単一通貨圏のメリットを低減させる致命的な欠陥だった。

例えば参勤交代のために江戸へ向かう大名は、領地で徴収した米を大坂の商人に売って貨幣を手に入れるが、この時に米と交換される貨幣は銀貨の基準で計算される。しかし大名が実際に江戸でカネを使うには銀貨ではなく金貨が必要なので、大名は銀貨を再び金貨に交換しなければならなかった。西に銀本位の通貨圏、東に金本位の通貨圏というように、貨幣の流通は二元的な構造となっており、一国内で国家間の為替取引のような貨幣の交換が必要だったのだ。

こうした制度上の欠陥は、商人にとってはチャンスとなった。銀貨と金貨を交換するサービスを両替、それを担う人を両替商と言う。幕府は金貨と銀貨の公定レートを告示したが、金と銀の価値がそれぞれの経済圏の需給事情によって変動するのに合わせ、実際の交換は公定レートではなく市場での変動レートにより成立していた。

変動レートなら、売り買いのタイミング次第で差益を得られる。江戸の両替商が、江戸で銀が安い時に銀を購入して大坂に商品を注文すれば二重の利益を期待でき、反対に大坂の両替商が大坂で金が安い時に金貨を購入しておき江戸で金が高くなった時に売却すれば差益を期待できるわけだ。金と銀の相対的な価格は、金銀の産出動向や対外交易に伴う金銀の外部流出の状況などによって大坂と江戸で個別に決まり、両替商は情報力と判断力を基に差益を得ることが可能だった。

十八世紀初期以降、全国的な海運流通網の完成により、物産の集散地としての大坂、高級消費財生産の中心地としての京都、消費中心地としての江戸間の三角経済が全面的に稼働し、銀貨と金貨の交換需要が増加する。規模の大きい両替商はこのような交換取引を通じて莫大な資本を蓄積し、大商業資本へと成長していった。三井、住友などは、この時期に「両替」業で富の基礎を作った財閥である。

両替商は、カネの流通つまり金融を専門とする商人として、交換業務のほかにも様々な金融業務を行った。最も代表的な業務が、手形の発行である。三貨制度は、取り引きの計算と決済を複雑にする。また大坂などの物産集散地では、取り引きの規模が過去とは比較にならないほど大きくなっていた。このような市場の状況に応じて、両替商は手形という証券を媒介にして、当座預金、貸出、小切手や手形の発行、送金などの金融サービスを商人に提供した。

手形は機能に合わせて様々な種類のものがあった。預り手形は、お金を引き受けておいたという証書である。現代で言えば、譲渡性を持つ預金証書だ。振り手形は、発行者が受取人を指定して交付すると、受取人が両替商にこれを提示することで現金の支給を受けられるようにする証書だ。現代の当座小切手あるいは手形に該当する。

両替商のもう一つの重要な業務は為替だ。為替というのは、遠距離間の送金あるいは決済の意味で、Aという江戸の商人がBという大坂の商人に物品を注文した時に、その取り引きの決済を完了させることである。初期の頃は、実際の現金を運送する業務として始められたが、その後、主に利用されたのは、現金ではなく為替手形を送付する方式である。為替手形というのは、両替商が相互に支払保証協約を結んだ別の両替商に支払いを依頼する証券だ。現在の電信為替あるいはオンライン振込みに相当する。手形は大型の両替商が密集している大坂で、主に商人の間で流通したが、現金の物理的保有や移動の必要性を排除した信用貨幣は、当時としては巨額の取り引きを無理なく成立させるための基礎的なツールとなった。

手形や為替業務が成立するためには、それを取り扱う両替商に対する確固たる信用が前提となる。商人が余分の現金を預けたり、取り引きの際に現金の代わりに手形を受け取ったりするのは、両替商に対する公的な信頼がなくては不可能なことだ。これは現代の金融機関にも同じことが言える。江戸時代の両替商は、こうした信用を基盤とした金融システムを自分たちの力で生み出した。両替商は一種の組合である株仲間を作り、相互保証をすることで創出される強力な信用力を基に、手形・小切手などの信用貨幣を流通させ、遠隔地間の決済を精算する金融サービスを発展させた。江戸時代に大規模に成長した商取引は、このような信用を基盤とした金融システムがなかったなら成り立たなかっただろう。これが単純な貨幣流通の意味を超えた、江戸時代の貨幣経済の真の姿である。

先ほど述べたように、貨幣の鋳造と流通という側面において、決して幕府の制度が優秀だったとは言えない。朝鮮や中国に比べて特にいいということもなかった。江戸時代の商品経済の発達を下から支えたのは（現物の貨幣を必要としない）信用金融経済であり、これはすべて商業に関わる勢力の自律的・創意的努力の成果物と言える。前近代から近代に進入する過程で最も難しい課題は金融の近代化である。単純な貨幣経済を超えた、信用を基盤とする金融に対する理解と制度的な仕組みは、ひと晩でできあがるものではないからだ。江戸時代の両替商は、近代の金融業にも匹敵する、信用を基にした金融制度を長期にわたって発展させ、ノウハウを蓄積していった。このような近世期における民間主導の金融の発達は、近代化の時期に西洋の金融制度を日本国内で受け入れ、自主的に変容させる際に大きな助けとなり、これは日本の急速な近代化を成功させる決定的要因となった。

貨幣本位制と米本位制併存の矛盾

二つ目の矛盾は貨幣が流通しているにもかかわらず、米本位制を併行していたことだ。すなわち、幕府と各藩による税の徴収と武士階級に対する給与の支払いという公共の税政は米を基本としていたのだ。これは農本主義思想から完全には抜け出すことのできなかった幕府の、為政者としての限界であった。商品経済が未発達の閉鎖された経済では、租税が米本位でも大きな問題はない。特に貨幣が必要なわけではないためだ。しかし江戸時代の大名や幕府の官僚は、すでに説明したとおり、参勤交代と都市居住型の消費生活のために貨幣を必要としていた。税収は米であるのに対し実際の支出は貨幣で行わなければならないという、受取と支払いの手段の不一致は、考えもしなかった社会の変動を引き起こす。

武士階級が受け取った米を貨幣に交換する手段は二つ。各藩の大名は、主に大坂の大商人に自身の領地で産出された米を渡し、これを貨幣に交換した。収穫を終えた現物を納入して現金化するのが原則だが、春に行われる参勤交代に必要な費用を準備するために、青田買いの形で、未来の権利を渡して先に貸出を受けるケースも多かった。

旗本や御家人などの幕府官僚の場合は、幕府が徴収した米が集荷される江戸、浅草の米蔵で、俸禄米を現物支給されることになっていたが、俸禄米の受取、運搬、売却などを代行する商人を通して貨幣を入手した。これらの代行ビジネス、またそのサービスを提供する商人を札差と言うが、札差は俸禄米に関連する業務を代行して手数料を受け取る代行ビジネスから始まり、徐々に武士の俸禄米の受給証書を担保に現金を貸し出す金融ビジネスに発展させ、貸し出しの規模が大きくなると米を直接取り扱う現物ビジネスへと少しずつ事業領域を拡大していった。

札差というのは、実は武家の俸禄に寄生する御用商人だ。しかし江戸時代の社会的矛盾は、彼らに蓄財の機会を与え、挙句の果てには政治権力を脅かすほどのカネの力を持たせた。まず武士は、自分で米を現金に換えることさえ卑しい商行為と感じ、札差に俸禄米の処理に関する業務を代行させたのである。武士は高尚な身分を維持するために体面を守る代価を支払わねばならず、その手数料の分だけ武士階級から商人階級へ富が移転した。

また江戸時代は、一部の時期を除けば全般にわたって、貨幣に対する米の相対的な価格は下落傾向にあった。米値の下落は、武士の貨幣所得の減少を意味する。参勤交代と商品経済の発達により消費指向的な社会になることで、武士の貨幣需要は増加を続け、武士は足りない貨幣を埋めるために札差にカネを借りなければならない境遇に陥ってしまい、その利子の分も商人に富が移転した。

このようなことが普遍化すると、日本の身分秩序は揺らぎ始める。当時の米値下落と参勤交代などに伴う義務的支出を考慮すれば、武士が商人に負った借金はとても返せる額ではなかった。返すどころか、その年の収入ではなく翌年の収入の分まで担保に入れて金を借りなければならなくなっていった。(これは政治的権力が経済的権力と乖離する現象と言えるが、ここが近世時期の朝鮮と日本の最大の違いだ。朝鮮の士大夫は経済活動に従事しなかったが、高利貸金業を通じて富を蓄積することができた。そのため一部の士大夫階級に富が集中し、商業勢力や富農の成長は阻害された。当時の政治規範だった儒教を恣意的に解釈し、自らに高利を得る免罪符を出した朝鮮の士大夫の道徳的偽善が、朝鮮時代全般にわたって停滞を招いた原因の核心である)。

札差や両替商を始めとする商人は大富豪となり、彼らに対する武士階級の債務が累積していくと、商人のカネの力が武士階級の身分的権威を抑えつけるという社会的地位の逆転現象が生じる。商人の経済的優越性が高まるほど、武士と商人間の社会的な力学関係が変化し、身分秩序の緩みや亀裂がもたらされた。商人は延滞を続ける武士を軽んじ、カネに窮した武士は商人の顔色をうかがうようになる。そうやって商人の影響力が強まるほど、武士の不満は高まっていく。

このことは江戸時代を通じて社会不安の要因であり続け、幕府にとっての負担となった。幕府は強制的な債務の減免を行うなど商人の財産権を一方的に侵害してまでも武士の経済的な困窮を解決しようと試みたが、対症療法に過ぎず効果は一時的だった。幕府の一方的な政策により経済的な打撃を被った商人は、自らの権益を守るために政治権力を警戒し、自救策を講ずるようになる。

商人は不確実性への対応力と政府に対する交渉力を高めるために結束と連帯を進める。江戸幕府は安土・桃山時代以降、誰でも市場に参加でき商売ができるという楽市楽座を政策の基調としており、商人による団体の結成を認めていなかった。商人が勢力化するのを防ぎ、市場の支配と独占の弊害を防止するという名目のためだ。

江戸前期の十七世紀末まで幕府は禁令を出し、商人による団結を強く抑制していた。しかし公的には禁止されていたものの、商人は内々で株仲間という閉鎖的な組合を作り、相互扶助を図りつつ自らの規約を作って当該業界における商取引の秩序を意のままにしていた。一七二三年、強大な力を持つに至った百九人の札差は、正式に株仲間の結成を認めるよう幕府に請願する。当時の幕府は財政難に苦しんでおり、農民に対する課税率を引き上げ、各藩にも税金を賦課するなど、税収の確保に血眼になっていた。幕府は、高まってきた商人の社会的地位や株仲間の自律的規制の機能を考慮する一方、株仲間の請願を商人に対する増税の機会と見て、それまでの政策を修正しようという態度を見せる。

一七二四年、幕府は甲論乙駁の末、冥加金という名目の税金を納付する条件で、札差の株仲間を公式に認可する。名簿に載せられた百九人、つまり持分を意味する「株」百九の口座の所有者は、冥加金を納付する代わりに排他的な営業権を行使することができるようになった。

株仲間の公認は、政府に対する商人の交渉力を高める契機となったが、株仲間の公認後、むしろ市場の秩序が安定し税収が増えると、十八世紀後半に入ってからは幕府のほうから株仲間の公認の範囲を拡大していく。冥加金による税収の増大が切実に求められたこと、株仲間という組織の自治機能が行政力の伝達手段として有効であったことから、幕府と株仲間の二人三脚の協力体制は、統治の実効性を高めるのに役に立った。

この時までは、いくつかの例外を除いて株仲間の独占権は認められておらず、株仲間は主な流通ルートを抑え、組織の公信力と営業力を基に優位な競争力を確保し、自らの力で存立しなければならなかった。十九世紀の初め、将軍家の婚礼などにより財政支出が急激に増え、さらに税収が減少して財政が悪化すると、幕府は冥加金を増やす代わりに株仲間の独占権を公認し始める。公認された独占営業権を確保した株仲間の「株」（排他的な会員券であり財産権を意味するようになった株だが、この意味から、のちの近代化の時期に西洋の資本主義の基礎である「stock」が「株式」と翻訳されることになる）は非常に高い価値のある財産権の性格を持つようになり、所有・譲渡・担保の対象として、経済構造の奥深くまで入り込んでいった。

一八四〇年代に入り、相次ぐ自然災害や幕府の支出増加により物価が高騰すると、幕府は株仲間と問屋を物価高騰の主犯として挙げ、すべての株仲間と問屋を解体し、公式・非公式を問わず株仲間や問屋の名称さえ使えないように厳しく規制した。

このような一方的な措置は、予想よりはるかに大きな混乱を市場にもたらした。すでに数十年間、株を担保あるいは信用の核心とした信用取引や資金融通の金融システムが構築されてきていたにもかかわらず、幕府が市場の状況を考慮せず、巨大な商業資本に制裁を加えるという名目で急進的な措置を取ったことが逆効果となったのである。

名目上は市場への参加と競争の自由が保障されるようになったが、その恩恵は間接的かつ長期的である一方、株仲間や問屋の解体による信用収縮の余波は直接的かつ急激だった。莫大な資金力と堅固な営業網が必要な業種においては競争の導入は無意味であり、新規参入が容易な業種においては過当競争により既存の事業者と新規事業者が共倒れとなった。それまで庶民への貸し出し機能を担当していた大商人は、幕府の規制を理由に新規貸し出しを中断してしまう。零細事業者が運転資金や物品購入資金の貸し出しを受けられなかったり、売り掛けによる取り引きが止まったりすると、貧困層の経済的困窮はさらに悪化した。

株仲間と問屋の解体という改革により市場の混乱が拡大すると、幕府は非難の砲火を集中的に浴びる。市場からの圧力に耐えられなくなった幕府は、解体令を出してから十年も経たない一八五一年、株仲間と問屋を復活させた。その時は冥加金も徴収しなかった。幕府の政策変更は、幕府と市場の対決における幕府の敗北というシグナルとして理解された。ただでさえ内憂外患に苦しんでいた幕府の権威は大きく失墜することになる。

株仲間の存在は、独占あるいは経済力の集中など一部に弊害があることは事実だが、当時の経済の構造的・技術的条件下で、信用の提供と自治機能を通じて商取引の安全性を高め、量的拡大を促進する効果を持っていた。幕府はこのような現実を把握できないまま、旧来の儒教的な考え方に基づき急進的な市場介入を行うことによって、もとより厳しい経済をさらに混乱に陥れた。市場の現状を無視した政策は、たびたび下層民を困らせるという結果を招く。倹約を叫ぶ一方で贅沢を日常のものとし、低品位貨幣への改鋳の濫発と増税で利益をかすめ取り、商業資本の自律性を繰り返し侵害する幕府の施政に対し、全国で不満が渦巻いていた。

時代の変化に適応できず、実践より論が先んずる政治的権威の正当性は疑われるしかなく、そうした不信は、外部から圧力が加えられると、幕府に対する抵抗という形で現れた。歴史に「もし」はないと言うが、幕府の体制は外部からの圧力がなかったとしても、内部的な要因により崩壊に至っただろう。

中央貨幣と地域貨幣並存の矛盾

幕府の貨幣制度が抱える三つ目の矛盾は、藩が発行する貨幣を容認していたことだ。江戸時代に各藩で自主的に発行し流通させていた貨幣を藩札と言う。幕府は、統一貨幣のみ流通させることを意図したが、藩札の流通を防ぐことはできなかった。幕府は藩札に対して曖昧な態度を取っていた。地域貨幣の流通は幕府の権威失墜と統制力弱化につながりかねないが、幕府の鋳造貨幣の流通量が不十分で、地域の末端の貨幣不足を訴える藩の立場を無視できなかったからだ。幕府は、時期と、藩によっては一定の条件を課して藩札を許可したり、政治的な力学関係の中で黙認したり、禁止政策を取ったりするなど、政策には一貫性がなかった。

幕府が藩札を全面的に禁止できなかった理由の一つは、大名の財政難を招いた最大の原因が、幕府の課した天下普請と参勤交代だったからだ。大名が目の前の財政不足により天下普請や参勤交代を履行できない状況で、資金を融通するために藩札の発行が必要だと訴えたなら、幕府はそれを知らないふりもできない。藩としては幕府がどのような態度を取ろうとも財政運用のために藩札がどうしても必要であり、幕府が快く思わないだろうことが分かっても藩札を発行した。幕藩体制が崩壊し、明治政府が藩札を整理するために一八七二年に全国的に調査をした結果、全体の八十パーセントに達する二百四十四の藩で藩札を発行しており、藩札は江戸時代の中期以降、普遍的に流通していたことになる。

藩札は当然のことながら、当該の藩内だけで通用する地域貨幣である。そして紙切れ、つまり紙幣の形で発行されるのが一般的だった。貨幣自体が本位資産としての価値を持つ貨幣を正貨と言う。これに対し貨幣自体には価値がないが、発行権者の信用によって交換手段としての価値を認められた貨幣を兌換券と言う。兌換券には正貨との交換が保障される兌換紙幣と保障されない不換紙幣がある。不換紙幣は発行権者の信用がなければ流通は最初から不可能だが、流通さえさせられるなら、兌換のための資産を用意しておく必要がないので、発行権者が通貨量の増減を調節する管理通貨制度を施行できるという長所を持つ。現代の貨幣はすべて兌換性を放棄した不換紙幣だが、藩札は兌換紙幣に当たると言える。兌換紙幣は発行権者に正貨の何倍もの利益を生み出す貨幣である。貨幣の製造費用が非常に安いため、兌換の保障に対する信頼さえ維持できれば、発行権者は大きな鋳造差益を得ることができる。藩札の発行は幕府すら享受できない、大きなシニョリッジを藩に与えたのだった。

藩札の発行方式は二つある。一つは専一流通という方式だ。藩政府が藩内で、幕府が発行する正貨の流通を全面的に禁止し藩札の流通だけを認めるが、正貨との交換の要求があった時はこれを保障するやり方である。この場合、藩内のすべての正貨が藩政府に集中することで、藩政府が兌換準備高（だいたい三分の一程度）を除いた余分の正貨を対内外的に運用する財源が確保できるという効果がある。正貨との交換条件を対外支払いなどの特別な事情がある時に限定し、実質的にすべての正貨が藩の管理下に置かれることが一般的であった。もう一つは混合流通という方式で、幕府の正貨と藩札を混用させるやり方だ。

前者の場合、実質的には現代の国際社会の（基軸通貨発行国を除く）主権国家が保有する、独立した通貨発行権を行使するのと同じである。余談だが、日本の地方自治は、民主主義的な自治の原理を重要視し、地域の事情に合わせた自主的な財政運用の理念を基礎にしている。日本の地方自治体が高い財政自治の力を備えることができた背景には、過去に自ら貨幣を発行し独自に国庫を運用した歴史的な経験が土台にある。

幕藩体制は、藩が幕府から抜け出そうとする遠心力が完全には取り除かれない、不安定な体制であった。混乱を招くような幕府の貨幣政策に一方的に振り回されないために、多くの藩は自強の道を模索した。慢性的な財政難と重くなる税によって民心の不満が高まるなどの危機に直面した藩が、その危機を打開するために推進した一連の改革政策を藩政改革と言う。倹約を通じて財政支出を減らし、行政体制の一新、地域産業の奨励、新田開墾などにより財政を健全化させる政策が、藩政改革の主な内容だ。藩政改革で大きな成果を出せた藩は多くない。多くの藩のガバナンスレベルも幕府とさほど変わらなかったからだ。しかし藩政改革に成功し、幕府の威勢に対抗できるまでに勢力を強めた藩もある。特に西南地域の藩に、このような動向が見られた。

この地域を代表する長州藩、薩摩藩、熊本藩、土佐藩などは、地理的・歴史的に幕府に対する反感が大きく、国外の勢力との接触に有利な藩だった。これらの藩は幕府の統治力が弱まった隙を突いて、各種専売事業やさらには密貿易を通じて得られた財源により、持続的に藩財政を拡充する。

こうして確保された財源は、人材育成のための藩校設立と拡充、有能な経世家や専門家の招聘、西洋の新しい武器類などの戦略物資の購入、施設の拡充に投入された。つまりは独自の富国強兵・殖産興業政策を推進したのである。詳細な記録は残っていないが、西南地域の藩が改革政策を推進するための財政支出には藩札が積極的に活用されたものと推測される。遠距離の参勤交代などで慢性的な貨幣不足に苦しんでいた西南地域の藩に藩札という財政支出の手段がなかったなら、野心に満ちた体制強化の政策を進めるための財源を用意することは容易ではなかったはずだ。

改革マインドに優れたいくつかの藩が重点を置いた政策の一つは専売事業だ。藩による専売事業は、単純に民間の収益を藩に移転させるレベルを超えた、高度な国家経営戦略の一環として行われた。この時の専売事業は、戦略的な商品を選定し、公共財源を投資して競争力を育てたのち交易により硬貨を取得するという、一種の国家主導型の輸出産業育成策である。

人材、技術、設備など該当の専売事業の基礎を固めるのにかかる費用は、藩札でファイナンスされることが多かった。薩摩藩は砂糖の密貿易をしつつ、サトウキビの栽培地に動員された労働者の賃金をすべて藩札で支給した。投入費用は藩札で支払い、収益は正貨で得ることになるため、藩の財政は当然ながら厚みを増すことになる。薩摩藩はそうやって確保した財源で、西洋に視察団を派遣し、西洋の新しい武器を導入し、幕府に対抗し得る実力を育てていった。

薩摩藩と長州藩は幕府打倒の先鋒に立った藩だが、幕府の貨幣支配力が絶対的だったなら、両藩が幕府の統制から外れて独自の力を蓄えることは難しかっただろう。幕府が貨幣支配力を強化するためには、根本的に貨幣供給量を増やさなければならなかったのだが、金・銀の本位貨幣の鋳造というレベルの貨幣の概念から抜け出せなかった幕府には、自身の政治的権威で信用を創造し、それを貨幣に転換させるという発想が持てなかった。

幕府が樹立した貨幣制度の矛盾は、権力を市場へと渡し、身分制度を揺るがせ、藩に対する統制力を弱めるという三重苦を幕府に与えた。何よりも商品経済の発達と市場経済の進展は、各経済主体の私的自治と財産権保障に対する欲求を誘発し、これがまた、政治的権威の絶対優位が支配する前近代の体制の正当性に対する根本的な疑問へとつながっていく。

家康は天下統一を成し遂げた後、参勤交代と天下普請という「煉瓦」で頑丈な城壁を作り安定的な統治の礎を用意したが、その城壁は貨幣制度の矛盾によって発生した亀裂に耐えきれず、約二百六十年で崩れてしまった。しかしその二百六十年の間、日本は多少の権力闘争や体制への抵抗はあっても、天下泰平の世を謳歌し、経済・社会・文化の面で飛躍的に発展した。

この時期の発展こそが日本の近代化の土台であり、現代の日本社会の原点と言っても過言ではない。漸増する内部の矛盾と外部の圧力を受けて、たとえ家康が夢見た千年の幕府統治は挫折したとしても、江戸時代の約二百六十年が、いかなる国家のいかなる時期の歴史と比べても引けを取らない、輝かしい業績を挙げた偉大な時代だった事実は揺るがない。

エピローグ

江戸時代末期、内部の矛盾と西洋勢力の圧力という内憂外患に直面した日本の知識人は「文明」の意味について熟考する。日本では非常に有名だが、韓国ではほとんど知られていないヘンリー・トーマス・バックルという英国の在野の歴史学者がいる。バックルは実証主義歴史学の立場から歴史学にも科学的法則があると主張し、文明の進歩という観点から比較歴史学を展開した。彼は一八五七年に出版された『イギリス文明史』の中で、文明の進歩を決定するのは集団知性の蓄積であり、その蓄積は富の創出と分配によって決定されると著述している。そして集団知性の蓄積の過程を、宗教的権威や戦士集団の影響から市民社会（ブルジョアが主導する私的自治と私有財産権が保障される社会）が独立して成長する過程と結びつけた。

また彼は経済学を称賛した。彼は、戦士集団つまり旧支配勢力の好戦性によって富が創出されるのではなく、富が平和的に創出され得ることが経済学により証明され、これに伴って社会の主導権が戦士集団から市民社会に移譲され、保護主義から自由主義へと移る過程が、文明進歩の原動力だと力説したのだ。彼はアダム・スミスについて「この孤独なスコットランド人は、たった一冊の著作で、歴史上のすべての政治家を合わせても足りないほど、人類の幸福に大きく貢献した」と賛辞を送り、文明の尺度として市場経済の原理と自由主義の持つ意味を強調した。彼はこのような基準を適用し、イングランドが最も文明の進歩した国家であり、フランスとスコットランドはそれより一段下、スペインはずっと遅れた国と評価している。

バックルの文明論は、日本の知識人の間で熱烈に支持された。福沢諭吉が『文明論之概略』で、迷信・旧習への依存程度、学問の発達の程度、社会的信頼の程度、創意的発想の程度などを基準として国の水準を野蛮―半開―文明の三段階に序列化して提示したのも、バックルの影響だった。バックルの著作は当代の欧米社会で話題作となったが、日本の知識人の目には、バックルの理論が特に魅力的に見えたことだろう。バックルの理論の中で展開される文明の進歩過程は、日本が直面する現実に投げかける示唆が非常に多かった。バックルの文明進歩論の枠組みに、武家が支配する封建制の中で、町人階層によって絶え間なく市場が拡大し富が創出された日本の歴史を代入し、知性の蓄積と市民社会の成長が不十分な日本を半開状態と規定すれば、今後、文明の進歩のために日本が追求すべき方向性が明確になるからだ。これは言い換えれば、当時の日本の知識人が、ヨーロッパ文明史の中で自分たちの座標を発見し、その位置を知ることによって、追いつく方法を模索できる知的水準に到達していたことを意味する。

韓国人が日常的に使う「オクウル」という言葉は、漢字で「抑欝」と書く。日本にも同じ単語があるが、韓国語と異なり日本語の抑鬱は、精神病理学上の用語であり、ひどく気分が落ち込んでいる心理状態を指す。韓日辞典を調べると、「オクウル」の訳語としては「悔しい」が挙げられることが最も多い。しかし厳密に言えば、この二つの単語は使われる文脈もニュアンスも違う。韓国語の「オクウル」は「自分の過ちではなく他人の過ちによって、よくないことが起きたり、悪い境遇に陥って怒ったりイライラしたりすること」を意味するのに対し、日本語の「悔しい」は「自分が決心したとおりに事が進まなかったり、他者との競争で敗れたり、誰かに害されて怒ったり遺憾の気持ちを抱いたりすること」を意味する。

似たようなことではないのかと反論する人がいるかもしれないが、個人的には大きな差があるように思う。「オクウル」と感じる人は他人を恨む心にたどりつくが、「悔しい」と感じる人は自分を責める心にたどりつく。そのため、「オクウル」と感じる人は他人が変わらねばならないと考え、「悔しい」と感じる人は自分を変えねばならないと考える。「オクウル」は、「恨《ハン》」につながる。韓国人にとって「恨」は復讐心を意味することもあるが、多くの場合、どうにもならないことを自ら鎮めねばならない、虚しい恨めしさや諦めの心情を内包する。

日本の「悔しい」も「恨」につながるが、これは「痛恨」の意味であり、自分を変えて、自分を怒らせた相手に雪辱を果たしてやるという、憤りとも言える強い決意を内包する。したがって韓国の「オクウル」に比べて日本の「悔しい」は、より強烈なエネルギーフィールドを作り、現実の変化を起こす可能性が高い心理だ。単純化に過ぎるかもしれないが、韓国と日本の間には、そのような心理や性向に違いがあり、それが言語に反映されていると考えている。

治外法権あるいは領事裁判という制度がある。帝国主義の時代にヨーロッパの国が非ヨーロッパ地域で、文明の異質性や未成熟な法制を理由に、自国民に対する駐在国の裁判管轄権を認めない制度だ。反帝国主義・反植民地主義の立場から見れば、一方的かつ不平等で、義のない条項である。主権平等、民族自決、相互主義などを追求する現代の国際社会の理念から見ると、帝国主義時代の負の遺産であり、反省すべき歴史であることは間違いない。現代社会で治外法権、領事裁判を擁護する人はいないだろう。しかし、もし私が十九世紀の、どこかヨーロッパの国で極東を担当する外交官だったと仮定して「極東地域の国家と修交条約を締結する時にどんな姿勢で臨んだであろうか？」と考えてみると、頭の中は急に複雑になる。

国交を樹立すれば、物と人間が国境を越えて出入りし移動することになる。「出入国や移動の許容範囲と限界をどのように決めるだろうか？」、「主権の象徴である課税の問題はどのようにすべきか？」等々を検討していく過程で、必ず出くわす問題がある。自国民保護の問題だ。韓国内で外交部を批判する際に必ず出てくる定番の文句も「大韓民国の外交部は、一体、自国民をどのように保護するつもりなのか？」である。

自国民の保護において最も重要な要素は司法権だ。自国民が犯罪あるいは違法行為に関わった時の法的処理が問題になる。十九世紀末の時点で、ヨーロッパの国家間には司法制度に対する相互の了解があるため属地主義が適用されたが、非ヨーロッパの国家の場合は事情が異なっていた。文明の象徴である司法制度の現実が、まったく違ったからである。

このような状況において、自国民の保護を貫徹する方法は裁判管轄権にあり、属地主義の例外を設ける治外法権、領事裁判を適用することである。もちろん「嫌がる相手の腕を無理やりひねって、なぜ一方的に不平等を強要するのか？」という批判はいくらでも可能だ。しかし社会ダーウィニズムとキリスト教精神に基づいた啓蒙主義が特に抵抗も持たれず通用していた時代である。力と利益という動機は自然の法則に置き換えられ、不平等は自国民保護の名の下に正当化される時代だった。批判することで気は晴れるかもしれないが、現実は変わらない。中国はその不当な仕打ちを英国にやられ、日本はアメリカにやられ、朝鮮は日本にやられた。韓国の歴史教育は、このような不平等の強要がどれほど許しがたい蛮行であるかを白日のもとに晒すところに焦点を合わせており、強要の主体である日本の不正義と非道を明らかにすることを教育の目標としている。各国の価値観や教育観によっては、そのようなこともあろう。日本も韓国と同じように欧米列強の勢力に押しつけられた不平等に対し、憤慨し怒りを覚える。しかし日本の歴史教育はそこに留まらない。

「ヨーロッパから不平等条項を強要されたのは、日本の司法制度が彼らに認められていないからだ。彼らから認められるような司法制度を構築し、不平等を解消しなければならない」と、当時の日本の為政者は考えたのだ。一八五四年の開国以降、不平等条約の改正は日本社会の至上課題となった。これぞという知識人が欧米に渡り、彼らの法制を習得し、外国の専門家を招聘して指導を仰ぎ、国家の知性の総力を挙げて法制の近代化に邁進する。こうした努力の結果、一八八〇年に刑法と刑事訴訟法が制定されたのを筆頭に、一八八九年に大日本帝国憲法、一八九六年には民法など、いわゆる「法典」と呼ばれる六法の体系が完成した。ヨーロッパの法制を徹底的に研究して制定した法律である。ヨーロッパの国々に、法体系の異質性や未成熟さを理由に、これ以上、不平等などを強要されぬよう準備を固めた日本は、不平等条項の破棄と改正を堂々と要求する。

日本政府は一八九二年、ポルトガルに領事裁判権を放棄させ、一八九四年には英国に攻勢をかけ、既存の不平等条約を改正した日英通商航海条約を締結した。ヨーロッパ勢力の座長格たる英国との条約を改正できたなら、あとは話が簡単だ。二十世紀になる前に、日本は欧米諸国を相手に、司法における主権を回復した。不平等条約を強要された悔しさをバネに、対等な関係を認めさせるのだという執念がついには不平等条項の破棄を達成したわけだが、そのような屈辱がむしろ早期の近代化の刺激剤として作用したのだ。このような集団知性の蓄積のストーリーや、その基礎を作った知識人の苦悩と成就のエピソードが、後世に伝えられ日本人の歴史観や世界観を形づくった。

日本人たちはそんなふうに歴史を見つめ、教え、習う。そしてそれが最もきれいな雪辱だと考える。自らが強要された不平等を同じように朝鮮に強要した日本を、不道徳で悪い国だと批判するのは自由だ。しかし、日本は自ら主権を回復し、朝鮮は回復できなかった。その歴史から学ぶことはないだろうか？　これこそが韓国の歴史観が答えを探さなければならない正しい質問だと思う。

【著者紹介】申尚穆（シン　サンモク）

延世《ヨンセ》大学法学科を卒業後、1996 年第 30 回外務考試に合格し、外交部入部。外交部に勤務している時に、早稲田国際大学院研修、本部東北アジア 1 課及び駐日大使館勤務等、日本に関わる業務を主に担当した。2010 年 G20 サミットの行事企画課長、2012 年核セキュリティ・サミットの儀典課長等、大きな国際会議の実務も担当している。韓国と日本の宿命的な関係について悩み省察したことをもとに、韓日関係に寄与しうる、自分だけにできることを開拓したいとの一念で外交部を辞め、現在はソウルで「きり山本陣」といううどん店を経営している。安定した組織から抜け出し厳しい現実の中を独り進みつつ、折に触れ日本に関する寄稿や著述活動を行い、韓日関係の深化に貢献したいという夢に向かって挑戦を続けている。著書に『日本はワニである』がある。

【訳者紹介】岩井理子（イワイ　ノリコ）
神奈川県出身。日本語講師、韓日翻訳者、字幕講座講師。字幕を中心に実務翻訳にも携わる。翻訳書に『変革の知』(角川新書)、共著に韓国語学習者向けの参考書『日本語を活かしてつかむ中級韓国語のコツ』(白水社)がある。

韓国の外交官が語る 世界が見習うべき日本史
今こそ大事な江戸時代の真の姿

2018 年 3 月 1 日　第 1 刷発行

著者　申尚穆

訳者　岩井理子

装丁　重原隆

発行者　岡田　剛

発行所　株式会社　楓書店
〒 151-0053　東京都渋谷区代々木 1-29-5 4F
TEL 03-5860-4328
http://www.kaedeshoten.com

発売元　株式会社　サンクチュアリ・パブリッシング（サンクチュアリ出版）
〒 113-0023　東京都文京区向丘 2-14-9
TEL 03-5834-2507 ／ FAX 03-5834-2508

印刷・製本　株式会社シナノ

ISBN978-4-86113-832-4